Rimedi E Cure Naturali

La Guida Completa

Scopri come vivere in modo più sano e naturale grazie ai rimedi naturali ed alle erbe.

By Lucia Palviso

Note di responsabilità

Questo libro compie ogni sforzo possibile per mantenere l'accuratezza delle informazioni sul sito, ma non può accettare la responsabilità per qualunque pregiudizio, perdita o danno che possa derivare dall'uso di queste informazioni.

il materiale contenuto in questo libro viene offerto con la sola intenzione di offrire un servizio di informazione pubblica riguardante la salute, i servizi sanitari ed altri argomenti ad essi collegati.

questo libro non ha controllo diretto o indiretto sull'accuratezza o la natura delle fonti presentate all'interno del materiale, anche se cerchiamo di utilizzare come fonti solo materiale sicuro e valevole.

tutte le informazioni sono offerte con il solo intento di dare un servizio pubblico di informazione – il processo decisionale dovrebbe essere confermato da uno specialista esterno. queste informazioni non intendono sostituirsi al consiglio professionale del medico. richiedete sempre il parere del vostro medico di base o di un altro specialista qualificato prima di sottoporvi a qualunque nuovo trattamento o per qualunque dubbio possiate avere riguardo il vostro stato di salute.

l'autore non è responsabile per l'uso scorretto delle informazioni contenute nel testo. le informazioni contenute in questo libro sono per scopi informativi. non è inteso come un parere professionale o una raccomandazione sul come agire.

Una nota ai lettori:

Questo libro tratta di tutti i dettagli riguardanti le cure naturali, principalmente riguardo alla fitoterapia e alla medicina naturale.

Qualunque cosa tu voglia sapere sull'argomento, la troverai in questo libro. Leggendo questo libro, conoscerai molte cose riguardo alle erbe e all'erboristeria, di cui non avevi idea, e molte nozioni sbagliate che avevi saranno sradicate.

Ti raccomando di leggere il libro con attenzione, perché contiene molte informazioni di valore, che possono essere applicate nella vita di tutti i giorni.

Le informazioni sono a scopo educativo, ma è stato fatto uno sforzo per rendere il libro piacevole da leggere.

Buona lettura!

Sommario

Medicina Convenzionale e Medicina Naturale

La maggior parte dei medicinali allopatici, ovvero quelli tradizionali, è di natura sintetica. Ciò significa che molto spesso i principi attivi dei farmaci vengono prodotti chimicamente a livello industriale.

Alcune di queste sostanze sono però di origine naturale: non tutti sanno però che una sostanza come l'acido acetilsalicilico, il principio attivo della comune aspirina, veniva ricavato originariamente dalla pianta del salice, da cui prende il nome.

Queste sostanze di origine vegetale e la loro sintesi provoca però la perdita di alcuni vantaggi e benefici che presenta la sostanza in natura.

Questi effetti positivi evocati dalla sostanza assunta come tale e non riprodotta industrialmente si riflettono ad esempio sull'assorbimento, che risulta più efficace, o sul metabolismo, il quale provoca un minor numero di scorie e tossine nell'organismo.

Questa è la ragione per cui alcuni medici stanno iniziando a raccomandare trattamenti alternativi complementari, come terapie alle erbe e medicinali fitoterapici.

Ecco alcuni dati interessanti:

- Più del 25% dei farmaci da prescrizione contiene derivati dalle piante.
- Più di 80.000 tipi di piante sono usate a scopo medicinale in tutto il mondo
- Più del 75% della popolazione globale dipende da rimedi erboristici per trattamenti regolari.

Ci sono diverse opzioni per chi cerca rimedi alternativi, e queste includono l'Agopuntura, lo Yoga, il Qigong, il Tai chi, l'Ayurveda, l'idroterapia, la terapia del massaggio, l'omeopatia, le medicine dell'energia, l'approccio olistico e l'aromaterapia.

Di fatto, il numero di rimedi alle erbe disponibili per diversi disturbi è uguale (se non superiore) al numero di trattamenti tradizionali offerti dalle case farmaceutiche.

La questione è che la prevenzione è sempre stata e sempre sarà migliore di qualunque cura, tradizionale o alternativa.

Il vantaggio dei rimedi erboristici è che spingono l'individuo verso uno stile di vita più incline alla prevenzione ed alla cura negli stadi iniziali di qualunque disturbo.

I prodotti farmaceutici invece funzionano solo dopo che la malattia ha avuto uno sviluppo, non cercano di prevenire il problema perché altrimenti le case produttrici avrebbero delle perdite.

Questo è il punto in cui i rimedi alle erbe hanno il maggior vantaggio sulle medicine tradizionali. Questa è anche la ragione per cui sempre più persone si rivolgono alla medicina alternativa.

I vantaggi della Medicina Alternativa

La medicina alternativa crede che la salute naturale sia la conseguenza di una varietà di situazioni diverse che si verificano in contemporanea.

Così sceglie la migliore opzione disponibile, per fornire una buona salute. Per ottenerla si occupa di costruire punti forti, prevenire quelli deboli e richiedendo uno stile di vita naturalmente salutare.

Le branche della medicina alternativa includono l'erboristeria, l'igiene naturale, la naturoterapia, e la nutripatia. Al giorno d'oggi è diventato uso comune fornire queste cure come complementari ai trattamenti tradizionali.

Termini come medicina alternativa o salute naturale sembrano sempre essere associati all'Estremo Oriente. Bisogna invece sottolineare che molti dei concetti alla base della salute naturale sono di origine Europea.

In età antica l'unica cura disponibile per gli uomini comuni era l'auto-cura.

Mentre la scienza medica era ancora ad uno stato rudimentale, non era in nessun modo diffusa come lo è oggi. La maggior parte dei "medici" in quell'epoca erano chiamati "guaritori" (una persona che cura un'altra persona) e la loro qualifica altro non era se non un breve apprendistato al seguito di un qualche superiore.

Al tempo delle grandi rivoluzioni, praticare la scienza medica era visto come un passatempo, qualcosa di cui occuparsi quando non avevi altro da fare.

Si pensava che fosse qualcosa da fare quando un individuo non aveva un lavoro regolare. I rimedi popolari venivano passati di generazione in generazione.

Gli uomini e le donne che avevano appreso questi rimedi, semplicemente li applicavano nella loro vita di tutti i giorni, come avevano visto fare ai loro predecessori.

In questo modo ci si prendeva cura di eventi quali nascite, ferite e malattie.

La distanza geografica e la naturale biodiversità fecero in modo che questi rimedi popolari fossero diversi a seconda del luogo in cui si usavano.

Quindi, anche se le radici di queste terapie si trovano in Europa, una volta adattate alle Americhe queste non furono più così facilmente riconoscibili.

Nel 1830, Frances Wright ed altri riformatori diedero vita al Popular Health Movement (Movimento Popolare per la Salute).

Questo era un periodo in cui le scoperte della scienza medica stavano forzando i medici contemporanei a pensare in termini che sarebbero stati considerati sacrilegi dai loro predecessori.

Frustrati da questi sviluppi, i fondatori del Popular Health Movement cercavano di rafforzare l'uso di metodi più tradizionali nella pratica della moderna professione medica.

Anche se ci sono stati alcuni buoni risultati, (sulla lunga distanza e con l'aiuto della conoscenza delle nuove ricerche), bisogna ammettere che il Popular Health Movement fu la causa di alcune cantonate in campo medico.

Alcuni concetti sulla salute naturale che sono scaturiti dal Popular Health Movement sono: l'Idroterapia, la Fitoterapia, la Medicina Eclettica e l' Igiene Naturale.

Il Thomsonianismo è uno dei primi approcci alla moderna Fitoterapia occidentale e fu fondato da Samuel Thompson intorno all'anno 1820.

L' Association of Eclectic Physicians (l'Associazione dei Medici Eclettici), un'associazione di medici erboristi, fu fondata a Wooster Beech.

Al suo apice, l'eclettismo era praticato da più di ventimila medici qualificati negli Stati Uniti.

Nel 1939 le scuole di medicina erano supportate dai filantropi e quando queste scuole smisero di supportare l'eclettismo, questo fenomeno sparì lentamente.

L'idroterapia era un'altra branca della medicina naturale ed era incentrata sull'applicazione di acqua sul corpo umano. Anche se usare solo acqua come mezzo per restare in salute potrebbe suonare un tantino sciocco, in quel periodo sembrava una buona cosa.

I seguaci dell'idroterapia sottolineavano l'importanza delle abitudini personali, come la dieta, l'abbigliamento, acqua pulita, aria fresca, esercizio, luce solare ed erbe.

L'igiene personale così come la intendiamo oggi non era sempre così importante. L'idroterapia dava un messaggio importantissimo.

Le sue origini vanno ricercate nell'Europa dell'era Romana, quando le terme e le sorgenti calde di acque minerali erano un modo comune di detergersi.

Il sistema Europeo dell'Idroterapia fu introdotto negli Stati Uniti nel 1844 dal fondatore dell'igiene naturale, il Dott. Joel Shew. Il dott. Shew arricchì poi l'Idroterapia con gli altri aspetti come l'aria fresca, molta luce solare, una buona dieta e l'esercizio fisico quotidiano.

Nel 1853 fondò la scuola di Terapia Hygieo.

La American Natural Hygiene Society (Società dell'Igiene Naturale Americana) fu fondata nel 1948. Alla fine l'idroterapia dovette cedere il passo all'allopatia.

Questo processo fu largamente accelerato dal fatto che le persone che sostenevano l'allopatia vedevano l'idroterapia come una scienza per ciarlatani perché era associata con i movimenti femministi del periodo.

Il concetto alla base delle terapie naturali è che tutto ciò che ha a che vedere con la salute, la malattia e la guarigione si può superare con mezzi semplici come la prevenzione ed i cambiamenti nello stile di vita.

La medicina naturale segue la regola più antica della medicina: prevenire è meglio che curare.

In questa ottica, le terapie naturali dovrebbero essere sotto il totale controllo dell'individuo, non di un medico o di un guaritore.

Il termine "naturale" nell'espressione medicina naturale si riferisce in modo letterale al mondo in cui viviamo, cioè la natura.

Questo è solo un altro modo per dire che, secondo la medicina naturale, ogni malattia o disturbo non è altro che una reazione naturale a una qualche altra azione naturale.

È importante ricordare che la medicina naturale non ha nulla a che vedere con la fede o la guarigione psichica che sono concetti soprannaturali e quindi, per definizione, non parti della natura.

Questa definizione è anche il fattore che differenzia maggiormente le terapie naturali Europee e le teorie di medicina alternativa orientale che spesso affidano su sistemi basati sulla fede come la spiritualità, il karma, le forze ancestrali, le aure personali o i flussi di energia. Nessuno di questi può essere percepito dai nostri sensi normali e quindi le teorie della salute naturale di origine europea non vi fanno affidamento.

Andando più in là, la salute naturale non si interessa dell'origine della vita, di qualunque credenza religiosa, di mondi extradimensionali, di magia o del misticismo della new age.

La medicina naturale dice semplicemente che salute e malattia possono essere influenzate da semplici terapie naturali.

Al suo livello più basilare, si può dire che le terapie naturali si rivolgono ad una sola cosa:

i fattori biologici della salute, specialmente applicati alla vita di tutti i giorni nella società occidentale.

Alle sue origini il movimento della medicina naturale si interessava molto di idroterapia, del rilassamento offerto dall'uso di acque termali, bagni di vapore e altre cure legate all'acqua.

In tempi più recenti invece le terapie naturali hanno spostato il loro interesse sulla connessione mente-corpo e sul modo in cui questa è legata a stress e tensioni, avvicinandosi alle discipline mediche orientali.

In pratica, il concetto alla base delle terapie naturali è che il corpo umano abbia la totale capacita di curarsi dalla maggior parte delle malattie (naturalmente un osso rotto non si aggiusta cambiando stile di vita, bisogna ingessarlo), soprattutto grazie alla prevenzione.

Per quello che riguarda il pensiero delle terapie naturali, ogni guarigione è un'auto-guarigione e questa è considerata una caratteristica basilare di ogni essere vivente.

Vitalismo

Bisogna osservare che già nel 400 a.C, Ippocrate (che è considerato il padre della medicina) scriveva "la forza naturale di guarigione dentro di noi è la forza più potente per stare bene"

Questa è chiamata vitalismo o 'vis medicatrix naturaè (la saggezza insita nel corpo).

Per farla semplice, se qualcosa non va il medico tenterà di fare qualcosa, ad esempio:

prescrivere un antibiotico, usare la chirurgia, ingessare un braccio, suturare una ferita.

Tutte queste cose sono parte del processo curativo. La chiave per la guarigione però è che il corpo deve rispondere attivamente a questi trattamenti o saranno inutili.

Il vitalismo fa sì che il corpo voglia guarire e stare bene. È un fatto ampiamente documentato che le persone che affrontano i propri problemi fisici con fiducia e tranquillità guariscano più velocemente di altri.

La ragione per questo non è ancora stata compresa, ma il fatto resta comunque innegabile.

Olismo

Una spiegazione viene dal concetto dell'Olismo che dice che il processo di guarigione è uno sforzo combinato di tutto l'organismo e che questa non può essere raggiunta da una parte isolata del corpo.

Il concetto di Olismo può essere fatto risalire ai tempi di Paracelso (1439-1541) che viene considerato il padre della medicina moderna.

Quando Paracelso curava i suoi pazienti rifiutava di occuparsi solo della parte del corpo che mostrava i sintomi di una malattia.

Si occupava di tutto il corpo come di un'unica entità.

L'olismo non è il tipo di terapia sintomo=cura. Include uno studio approfondito delle capacità difensive del singolo individuo.

Chi lo pratica deve avere la conoscenza sufficiente a riconoscere la differenza tra i sintomi di una malattia e i sistemi di difesa o di recupero.

Quello in cui crede l'olismo è che quando qualcuno si ammala, l'intero organismo sta attraversando una qualche debolezza ed ha perso l'equilibrio delle sue forze.

La soluzione è quindi quella di ristabilire le forze del corpo.

Tutte le discipline per la cura naturale si occupano di fattori biologici e gli approcci psicosociali sono un'aggiunta più recente.

Individualismo

Questo concetto è differente nel senso che mette tutta la responsabilità per la malattia o la buona salute nelle mani di ogni singolo individuo nella società.

Quindi ognuno è responsabile della propria salute personale.

L'individualismo è il risultato della consapevolezza dell'importanza degli individui all'interno di una comunità e porta gli individui ad avere fiducia in se stessi e ad essere indipendenti.

Colpevolizzare le vittime

Per questo si intende che quando qualcuno si ammala, la vittima della malattia ha fatto qualcosa di sbagliato.

Per quanto possa sembrare brutto, questo significa semplicemente che la salute personale è una responsabilità personale e che nessuno può incolpare qualcun'altro o qualcos'altro per la sua malattia.

È un concetto centrato sul proprio sé. Migliora te stesso perché l'ambiente intorno a te è troppo vasto perché un individuo lo possa cambiare.

In altre parole, i problemi di salute dovrebbero essere auto-corretti e la soluzione ovvia è un cambiamento nello stile di vita della vittima.

Prevenzione

Questo è probabilmente il concetto più difficile da comprendere per l'individuo moderno.

Anche se tutti conoscono il detto "prevenire è meglio che curare", sono davvero poche le persone che davvero si sforzano per prevenire anche il problema più evidente (pensa al fumo, all'alcol, al colesterolo, agli zuccheri ecc)

La prevenzione non suggerisce solamente che le attività a rischio dovrebbero essere evitate. Ciò che dice è che migliorare la salute è meglio che combattere la malattia.

A breve termine, un corpo in salute può evitare più facilmente le malattie meno gravi (come un raffreddore) e le piccole ferite (come tagliarsi col rasoio o sbucciarsi durante l'attività fisica).

A lungo termine la prevenzione suggerisce di usare cautela in tutto ciò che viene fatto oggi perché si possa evitare la comparsa di risultati sfavorevoli in futuro.

In altre parole, anch'essa suggerisce un cambiamento nello stile di vita per un domani più sano.

Una salute ragionevolmente buona può essere raggiunta da chiunque. Cosa ancora più importante, i mezzi per raggiungerla non devono essere acquisiti da qualcun altro, la capacità di farlo è dentro di noi.

Le prossime pagine si concentrano esclusivamente sulle erbe e di conseguenza sulle cure erboristiche.

Erbe naturali

Qualunque pianta che venga coltivata per scopi culinari o medicinali, e a volte anche spirituali, viene chiamata erba. È pratica comune che da un'erba vengano usate solo le parti verdi e il fogliame.

L'uso culinario è evidentemente diverso dall'uso medicinale e, infatti, spesso le proprietà culinarie e quelle medicinali sono interamente differenti nella stessa pianta.

Per esempio, le erbe medicinali spesso tendono ad essere arbusti o piante legnose, mentre le erbe culinarie sono tipicamente fogliose e morbide.

È interessante notare che i semi, le bacche, la corteccia, le radici o altre parti di erbe medicinali costituiscono fantastiche spezie.

Queste piante spesso producono anche frutti o ortaggi commestibili.

Le erbe culinarie sono diverse dalle altre verdure, nel senso che non sono l'oggetto primario da cucinare o consumare. Vengono invece utilizzate per aggiungere sapore ad altri piatti, come spezie.

Definizioni botaniche

La scienza botanica definisce ”erba” una pianta che non produca gambi legnosi.

Queste in genere muoiono nei climi temperati.

La morte può essere completa in caso di erbe annuali o l’erba può più semplicemente ritirarsi nelle radici in caso di erbe perenni.

Esempi di erbe sono: bulbi, peonie, l’erba del prato e la banana.

Il termine botanico “erbaceo” indica una pianta che ha le caratteristiche di un’erba o è simile alle foglie in colore e consistenza.

Erboristeria

L’erboristeria è anche conosciuta come fitoterapia. È un’antica medicina popolare basata sull’uso di piante e dei loro estratti.

Gli esseri umani hanno cercato poteri curativi nel mondo vegetale per lungo tempo.

Ci sono innumerevoli tipi di piante indigene che sono state usate dalla gente per secoli nel trattamento di molti malanni. La storia del loro uso è lunga e ben documentata.

Sono state trovate prove dell'uso delle erbe medicinali da parte degli uomini di Neanderthal che vivevano sessanta mila anni fa in quello che oggi è l'Iraq.

L'esame al carbonio, effettuato nelle caverne di Lascaux in Francia su alcune pitture rupestri che riportano l'uso di piante come agenti guaritori, ha datato queste pitture intorno agli anni 13000 e 25000 a.C. .

Bisogna considerare che i nostri antenati hanno impiegato diversi secoli per costruire questa conoscenza, passando di generazione in generazione, prima di raggiungere conclusioni mediche ci sono volute molte generazioni di prove ed errori per espandere questa conoscenza.

Gli individui che si prendevano il compito di seguire la linea di pensiero e di scoperte in campo medico sono coloro che oggi chiamiamo guaritori o sciamani.

Un aspetto interessante delle piante è la loro apparentemente infinita capacità di sintetizzare sostanze aromatiche come fenolo e tannino.

Le piante producono anche alcaloidi che vengono utilizzati come meccanismo di difesa contro microrganismi predatori, insetti ed erbivori.

Le piante e la chimica hanno una lunga e storica relazione che risale a diverse centinaia di milioni di anni fa.

Le interazioni chimiche nel metabolismo di una pianta, le procedure di offesa e difesa sono molto complesse.

Gli esseri umani hanno scoperto che molte erbe e spezie usate per condire i cibi spesso avevano anche utili proprietà mediche.

In tempi più recenti, le piante sono di nuovo tornate in primo piano perché la ricerca di nuovi medicinali e integratori alimentari ha riportato i ricercatori nel regno vegetale.

Farmacologi, microbiologi, botanici e chimici organici stanno letteralmente scandagliando l'intero mondo delle piante in cerca di elementi fitochimici che potrebbero portare allo sviluppo di cure per vari tipi di malattie.

Ci sono già sul mercato molti medicinali derivati dalle piante.

Il trattamento erboristico delle malattie è quasi universale nelle società non industrializzate.

Poiché non hanno risorse per costruire industrie farmaceutiche e sarebbero impoveriti se comprassero i medicinali moderni, non c'è da sorprendersi che si affidino alle piante che possono coltivare per combattere le malattie.

Nella società occidentale, l'uso della medicina erboristica ha ricevuto il contributo dall'insieme di diverse tradizioni su una vasta scala temporale, culminata nel ventesimo secolo.

Alcune di queste influenze vengono dagli antichi greci e romani, dai principi Ayurvedici dall'India e dalla medicina erboristica cinese.

Alcuni farmaci a base di erbe usati dai medici occidentali sono l'oppio, l'aspirina, la digitale ed il chinino.

Background

In qualunque organismo vivente, la velocità del metabolismo e le normali attività metaboliche sono determinate da reazioni chimiche.

Alcuni di questi elementi chimici sono chiamati metaboliti primari (zuccheri e grassi) e si trovano in quasi tutte le piante.

Gli elementi chimici conosciuti come metaboliti secondari si trovano in un numero limitato di piante. Le funzioni dei metaboliti secondari possono essere molto diverse.

Possono essere usati per produrre alcaloidi (veleni) per difesa o per attrarre gli insetti che promuovono l'impollinazione.

La maggior parte degli elementi chimici terapeutici derivati dalle piante, così come i farmaci a base di piante, si affidano ai metaboliti secondari nelle piante.

Alcuni esempi sono: l'inulina (dalle radici delle dalie), il chinino (dalla china), la morfina e la codeina (dal papavero) e la digoxina (dalla digitale).

Il National Center for Complementary and Alternative Medicine (Centro Nazionale per la Medicina Complementare e Alternativa) ha iniziato a finanziare studi clinici per migliorare la comprensione del mondo medico nei confronti della medicina erboristica.

Popolarità

Nel Maggio 2004, il National Center for Complementary and Alternative Medicine effettuò un sondaggio.

Questo sondaggio era diretto alle persone che utilizzavano le Medicine Alternative e Complementari, per scoprire quali erano i trattamenti più usati e perché le persone utilizzavano questa opzione.

Il risultato del sondaggio indicò che, escludendo la preghiera, le terapie erboristiche (o l'uso di prodotti naturali oltre a vitamine e minerali) erano il tipo di medicina alternativa e complementare più usate.

Il 18,9% sceglieva l'erboristeria tra tutte le altre forme di medicina alternativa.

Ecco alcuni esempi di medicinali usati nell'erboristeria:

- Una varietà di piante (incluso il carciofo) aiutano a ridurre i livelli di colesterolo totale nel siero.

- Piante come la cimicifuga rubifolia (e altre che contengono fitoestrogeni o estrogeni attivi) si sono dimostrate efficaci nel contrastare i sintomi della menopausa.

- Un numero limitato di studi riportano che la durata media di un comune raffreddore può essere ridotta usando estratti di echinacea.

- L'aglio è un'erba che offre molteplici benefici come abbassare il livello di colesterolo, la pressione sanguigna e ridurre l'aggregazione delle piastrine.

- Un'altra pianta medicinale dalle molteplici funzioni è il cumino nero (nigella sativa). Alcuni disturbi comuni che possono essere curati usando il cumino nero sono: raffreddore, infezioni polmonari, asma, influenza, allergie, ipertensione e mal di stomaco. I semi di cumino sono classificati come carminativi (favoriscono l'espulsione di gas), stimolanti, diuretici e galattogoghi (stimolano la produzione di latte). La polvere dei semi può essere applicata esternamente in caso di eruzioni cutanee.

- Problemi al tratto digestivo, inclusa la sindrome dell'intestino irritabile, possono essere alleviati bevendo un infuso di menta piperita.

- La Rauvolfa serpentina è una delle erbe più antiche e più largamente utilizzate in India per curare problemi come insonnia, ansietà ed ipertensione. Quest'erba è anche la base del primo farmaco allopatico sviluppato per combattere l'alta pressione sanguigna.

- In alcuni studi clinici è stato scoperto che l'erba di san Giovanni, un'erba pericolosa, può essere molto efficace in casi di lieve o moderata depressione.

- Un'altra pianta usata nel trattamento dell'insonnia è la valeriana.

Pericoli

Tutti i farmaci tradizionali sono potenzialmente tossici e quindi pericolosi, ciò è strettamente dipendente dalla dose impiegata, che deve risultare entro i margini terapeutici stabiliti da test pre-clinici e clinici e successivamente dai termini di legge.

Questo ha causato però un mito per quanto riguarda i prodotti di origine naturale, un mito che si è diffuso un po' ovunque.

Il mito dice che i prodotti naturali sono sicuri. Oppure, che chiunque può assumerne senza consultare un esperto senza che questi causino alcun danno.

Alla fine, qualunque cosa estraiamo dalle erbe, siano queste spezie o agenti curativi, abbiamo a che fare con elementi chimici.

Nei secoli, il sistema di difesa delle piante le ha portate a produrre alcuni elementi letali.

Ci sono piante dall'aspetto innocente che possono causare nausea in un adulto solo se annusate da vicino. Un piccolo assaggio da un neonato potrebbe essere letale.

Per fortuna, la maggior parte di queste piante crescono nel folto di foreste dove predatori diversi dall'uomo sono una minaccia.

Però ci sono altre forme di tossine più leggere, e persino queste possono essere letali quando manca la cautela.

Ad esempio, la cicuta e la belladonna sono due piante che possono essere letali se usate con disattenzione.

Bisogna anche ricordare il fatto che le piante ed i rimedi erboristici possono causare effetti collaterali o reazioni allergiche quanto i prodotti farmaceutici, anche se questi problemi sono in genere il risultato di un uso improprio e delle impurità.

Un altro rischio è costituito dal fatto di prendere rimedi erboristici insieme a farmaci convenzionali che abbiano la stessa funzione. In questo caso l'effetto cumulativo provocherà sicuramente un sovradosaggio.

Efficacia

Studi scientifici forniscono prove inconfutabili che gli estratti erboristici da piante possono non solo curare, ma anche prevenire alcuni tipi di malattia.

Una prova ulteriore dei benefici della medicina erboristica è nel fatto che molti farmaci moderni contengono estratti di piante.

È necessario fare attenzione e saper distinguere un medicinale di origine vegetale da un altro prodotto naturale che vanta proprietà terapeutiche.

Per essere assolutamente certi che il prodotto che si sta utilizzando sia un medicinale di origine vegetale è consigliabile rivolgersi al proprio medico o al farmacista, deve inoltre essere riportata sull'etichetta del prodotto la dicitura

"il prodotto è un medicinale di origine vegetale d'uso tradizionale da utilizzare per indicazione specifiche basate esclusivamente sull'impiego di lunga data e l'utilizzatore deve consultare un medico o un operatore sanitario qualificato nel caso di persistenza dei sintomi durante l'impiego del medicinale in questione o se insorgono reazioni avverse non riportate nel foglio illustrativo".

È fondamentale saper distinguere tra un prodotto "alternativo" e un farmaco poiché quest'ultimo è stato sottoposto a test scientifici attendibili.

Purtroppo ci sono molti medicinali alternativi che non sono mai stati nemmeno sottoposti ad un qualunque tipo di studio o test clinico.

L'importanza della sperimentazione scientifica diventa palese se consideriamo che quando queste antiche terapie naturali vennero scoperte non c'erano controlli scientifici o procedure di test.

Se qualcuno voleva provare una nuova erba, non faceva altro che provarla su se stesso.

In secondo luogo, la mente umana non era compresa quanto lo è al giorno d'oggi.

Per esempio, i controlli moderni possono facilmente distinguere tra l'effetto placebo, la capacità del corpo di guarire da sé grazie al sistema immunitario, e i reali benefici pratici delle erbe.

Senza questo tipo di sperimentazione qualunque erba, che sia benefica o meno, può essere fatta apparire come un'erba miracolosa.

La ricerca scientifica può anche aiutare a comprendere la precisa natura e struttura degli elementi chimici presenti ogni erba.

Quali elementi fanno cosa.

Come reagiscono con il sangue e gli altri organi interni. Quale elemento chimico si combina con quale elemento del corpo umano per produrre quale composto – che produce alla fine una cura o sollievo.

Questi sono aspetti importanti della ricerca scientifica che non erano disponibili nei tempi in cui la tradizione erboristica si stava evolvendo.

La maggior parte della conoscenza in quei tempi era legata ad aneddoti e basata sull'esperienza personale.

L'umanità e specialmente chi lavora in campo medico ne sa di più oggi.

È sempre prudente scegliere un trattamento medico che si è dimostrato sicuro ed efficace.

È possibile che le persone siano così influenzate dal movimento delle cure naturali da abbandonare allo stesso tempo la medicina convenzionale.

Evita di cadere in questa trappola. Le terapie erboristiche hanno appena iniziato ad essere studiate scientificamente, e finché non si dimostreranno sicure e solide dovrebbero essere usate come medicine complementari, non come trattamento principale.

La composizione chimica di molte erbe non è ancora conosciuta, quindi c'è sempre il pericolo di una reazione violenta, come ad esempio gli alcaloidi (sostanze attive sul sistema nervoso centrale, come ad esempio la morfina o la codeina, i più potenti tra gli analgesici). Non sottovalutare questo fatto.

Parametri

Diversi paesi assumono atteggiamenti diversi nei confronti di diversi ingredienti di derivazione erboristica.

Ad esempio, l'Ayurveda, la medicina alternativa originaria dell'India, ritiene che i metalli pesanti siano terapeutici. Negli Stati Uniti invece si crede che alti livelli di metalli pesanti siano da considerarsi rischiosi nel consumo normale.

Per questo motivo alla medicina ayurvedica non viene concesso lo stesso status della medicina convenzionale, ed i medicinali ayurvedici non vengono approvati dalla FDA.

(Food and Drug Administration - organo di controllo dei farmaci).

Come altri prodotti non approvati dalla FDA, i farmaci ayurvedici vengono venduti In Italia come integratori alimentari invece che come medicinali.

Questo è uno stratagemma per aggirare la legge, perché per gli integratori questa non prevede l'obbligo di test scientifici per la sicurezza o l'efficacia.

In alcuni casi, persino il controllo di qualità su alcuni ingredienti attivi può essere inadeguato.

Uso

Se tu hai intenzione di servirti della medicina erboristica sarebbe consigliabile avere prima una discussione franca e dettagliata con il tuo medico.

Tieni a mente che anche i rimedi erboristici possono avere effetti collaterali come i farmaci convenzionali.

Questo rischio viene aumentato se i rimedi erboristici vengono abbinati a farmaci da prescrizione o da banco.

Per esempio, se prendi farmaci per l'ipertensione (che abbassano la pressione sanguigna) e allo stesso tempo prendi un rimedio alle erbe con la stessa funzione, c'è un serio rischio che la tua pressione crolli pericolosamente.

Ci sono inoltre molti integratori disponibili che potrebbero contenere erbe che sono assolutamente da evitare in gravidanza.

Erbologia

Erbologia è il termine che definisce il metodo cinese di combinare diverse erbe mediche.

In questa tecnica, che è una delle più diffuse nella Medicina Tradizionale Cinese, ogni erba medicinale è in realtà un cocktail di diverse erbe, che viene creato su misura per ogni paziente.

Il medico verifica la situazione dello yin e dello yang del paziente oltre che verificare i sintomi della malattia.

La preparazione inizia usando una o due erbe principali che colpiscono il disturbo.

Le altre erbe vengono aggiunte per risistemare la condizione yin-yang. Possono anche essere aggiunti altri ingredienti per compensare la tossicità o gli effetti collaterali dell'erba principale.

Questo modo di mescolare varie erbe per arrivare ad una formula adatta all'individuo non è semplice.

Ci vogliono molta esperienza e un lungo affiancamento prima che un apprendista di Medicina Tradizionale Cinese possa creare da solo la giusta miscela.

Una differenza importante tra la Medicina Tradizionale Cinese e i farmaci moderni è che l'equilibrio e l'interazione chimica degli ingredienti di una formula è considerata più importante dei singoli ingredienti.

Un'altra particolarità dell'Erbologia cinese è che, nonostante si chiami erbologia usa anche tutte le parti di una pianta, inclusi foglie, fusto, fiori, radici.

Anzi, alcuni rimedi impiegano anche ingredienti derivati da animali o minerali.

Questo ha causato alcune controversie, perché a volte vengono utilizzati animali che appartengono a specie protette (cavallucci marini, rinoceronti, tigri ecc...)

Il primo erborista cinese di cui abbiamo notizia è Shennong.

Si racconta che Shennong assaggiò centinaia di erbe e fece esperimenti con esse prima di trasmettere la conoscenza delle piante medicinali e velenose ai contadini cinesi.

Scrisse inoltre il primo manuale di farmacologia Cinese, lo Shennong Bencao Jing.

Questo manuale spiega circa 365 medicinali, di cui 252 sono a base di erbe. Il manuale è datato intorno al primo secolo della dinastia Han.

Uno dei documenti più importanti di questo genere scritti dai più grandi maestri dell'erbologia cinese è il Bencao Gangmu. Fu scritto da Li Shizhen durante la dinastia Ming. I contenuti del Bencao Gangmu sono così importanti che vengono ancora usati per consultazione e riferimento.

La classificazione delle erbe cinesi è di per sé un processo intricato. Parlando in modo molto spiccio, le erbe cinesi vengono classificate secondo i metodi qui descritti.

Le quattro nature

Le quattro nature sono di base gli stati dello yin e dello yang e riguardano l'efficacia di una medicina erboristica nel riportarli in equilibrio.

I gradi dello yin e dello yang sono: freddo (estremo yin), fresco, neutro (tiepido), o caldo (estremo yang) . Prima di selezionare le erbe il medico studierà accuratamente l'equilibrio yin/yang in un paziente.

Se un paziente ha del "freddo interno" allora sceglierà un'erba con una valenza "calda" e yang e così via.

I cinque sapori

Alcune erbe vengono identificate dal loro sapore.

Anche se il sapore in sé non ha valore medico, in assenza di migliori parametri la medicina cinese associò il sapore di un'erba con il suo effetto.

Questi cinque sapori sono piccante, dolce, aspro, amaro e salato. Le erbe piccanti vengono impiegate per aumentare la sudorazione, vitalizzare il sangue e il Qi.

Le erbe dolci aiutano a curare l'umidità eccessiva attraverso la diuresi. Il sapore aspro è astringente.

L'amaro aiuta il corpo a liberarsi di calore eccessivo, a svuotare gli intestini e a ridurre l'umidità causando secchezza. Le erbe salate aiutano ad ammorbidire masse dure.

I meridiani

I meridiani non hanno nulla a che vedere con i meridiani della Terra o con il magnetismo.

Questi si riferiscono agli organi che vengono colpiti dagli elementi chimici all'interno di un'erba.

Il mentolo, che è piccante e fresco, è associato con i polmoni ed il fegato.

Questo significa che, poiché i polmoni sono l'organo che protegge il corpo dal raffreddore e dall'influenza, l'uso del mentolo può aiutare a liberarsi del freddo nei polmoni e anche a resistere alle tossine del caldo.

Cure erboristiche naturali alternative

Le erbe oggi vengono sempre più impiegate per curare ogni tipo di disturbo.

Da problemi lievi come un comune raffreddore a malattie serie come il cancro, c'è un crescente bisogno di informazioni corrette e ben verificate riguardo alle cure erboristiche.

Queste informazioni, in un modo molto rudimentale, sono già state raccolte per noi molto tempo fa.

Anche se la maggior parte di questa conoscenza precede il concetto moderno di pensiero scientifico, queste due vie devono essere integrate tra loro.

Antiche civiltà nella valle dell'Indo (nel sub-continente indiano) ci hanno lasciato in eredità molti concetti come l'approccio olistico, il corretto stile di vita, lo yoga, la meditazione ecc...

Più tardi, nella stessa area comparve l'Ayurveda, che definì la corretta diagnosi e le cure erboristiche per diverse malattie.

Grazie a Internet non c'è praticamente limite al numero di siti web che si danno da fare per farci credere che sono riusciti a padroneggiare i segreti dell'antichità o che hanno scoperto una cura perduta per porre fine a tutte le sofferenze umane.

Ci sono anche altri siti un po' più onesti, che sono un po' più sinceri riguardo alle informazioni che danno.

In ogni caso, non ci sono luoghi "ufficiali" dove acquistare queste cure.

Ci sono solo aziende con l'unico obiettivo di fare profitto.

Questo rende molto difficile per la persona media sapere di chi possa fidarsi quando considera i rimedi erboristici.

Purtroppo, a causa di una pubblicità scorretta sui media, c'è una specie di corsa all'oro tra persone che vogliono capitalizzare sulla popolarità in crescita della medicina erboristica senza riguardi verso le sue implicazioni scientifiche o personali.

Questo approccio immorale ha a sua volta portato molta pubblicità negativa alla medicina erboristica perché la voce degli scienziati è soffocata dalle dichiarazioni fraudolente delle aziende.

L'idroterapia era una buona idea, ma chi la prenderebbe sul serio quando viene associata con la vendita di "acque colorate"?

Se sei stato indotto ad avere una cattiva immagine dell'erboristeria, allora cerca di ricordare questa semplice cosa.

La scienza medica esiste da diversi millenni e, anche se ci sono stati degli errori, la medicina erboristica ha aiutato le persone per innumerevoli generazioni.

Ci sono ottime cure alle erbe.

Non arrenderti ai prodotti pubblicizzati, ma parla con il tuo medico.

Cure erboristiche

Una delle più vecchie forme di medicina è la medicina erboristica.

In ogni parte del mondo, in diverse culture, la storia abbonda di prove che i nostri predecessori usavano le erbe per scopi medici.

Questo non dovrebbe sorprenderci, perché le erbe sono generalmente sicure e non hanno così tanti effetti collaterali.

Alla fine del ventesimo secolo ci fu un ritorno ai rimedi erboristici con un incremento drastico dei medicinali a base di erbe di tradizione popolare.

Sempre più ospedali oggi offrono rimedi erboristici come trattamenti alternativi complementari alle medicine convenzionali.

Con questo aumento della popolarità dei farmaci erboristici, è diventato imperativo condurre studi che possano aiutare la scienza medica a capire come funzioni la medicina erboristica nell'interazione chimica con le nostre funzioni corporee interne.

Anche se di norma è vero che le erbe e i medicinali da esse derivati producono minori effetti collaterali di molti farmaci allopatici presi per gli stessi sintomi, è importante ricordare che anche le piante contengono alcuni elementi chimici che possono produrre effetti tossici nell'uso **a lungo termine**.

Inoltre, anche se le cure erboristiche sono generalmente sicure, non è consigliabile abusarne per lunghi periodi.

Al contrario dei farmaci allopatici che hanno difficoltà a restare nel corpo per lunghi periodi, gli elementi chimici di origine erboristica possono lasciare residui nel corpo e nel lungo periodo questo può costituire un lento avvelenamento che può causare malattie difficili da diagnosticare.

Proprio come altri medicinali o integratori, bisogna sempre considerare le condizioni e il tipo di organismo dell'individuo prima di prescrivere una qualunque cura erboristica.

Molte condizioni di salute o complicazioni rendono necessario evitare alcuni tipi di erbe per le persone vittime di questi problemi.

Chiedi a qualunque erborista, ti saprà sicuramente indicare gli errori da non commettere.

Come non si può certo mischiare i farmaci senza una logica, anche con le cure erboristiche bisogna fare attenzione. Non dovrebbero mai essere mischiate a caso con altre erbe, estratti o medicinali.

Quando un ospedale offre terapie alle erbe come complementari, prima si assicura che queste terapie non entrino in conflitto con la cura principale somministrata.

Consulta il tuo medico prima di creare un cocktail medicinale.

Ovviamente, se dovessi avvertire qualunque sintomo che faccia suonare il tuo campanello d'allarme interno, ferma l'assunzione e parlane con il tuo medico. Io non posso sapere se soffri di qualche allergia particolare per cui ci vuole prudenza mentre si assumono delle erbe.

D'altra parte, è ugualmente pericoloso trascurare sintomi più seri attribuendoli a un problema lieve. Non cercare di farti un'auto-diagnosi se non hai una base medica.

Tentare una cura senza aver capito il problema probabilmente creerà una serie di problemi che non avevi mai avuto prima.

Non presumere che, dato che stai usando le erbe, questo non importi perché tanto non ti faranno male ugualmente. Le precauzioni sono necessarie anche con medicinali relativamente innocui.

Poiché le medicine a base di erbe non sono ancora state correttamente studiate, le proprietà ad esse attribuite sono basate su descrizioni generalizzate che hanno avuto origine migliaia di anni fa.

I testi antichi spiegano molte cose ma non ci dicono come le erbe effettivamente funzionino.

Noi sappiamo solo attraverso l'esperienza e l'osservazione che funzionano.

Alla luce di questo, diventa piuttosto difficile pre-determinare alcuni quesiti medici come:

- Quali possono essere gli effetti collaterali
- Quali conflitti interni con altre medicine/complicazioni possono creare problemi
- Qual è la dose massima e minima per uno specifico paziente
- Quante erbe differenti dovrebbero esserci in ogni dose
- Come può un paziente o un guaritore accorgersi che c'è stato un sovradosaggio

È impossibile sapere quanto possa essere sicura una miscela di erbe a meno che non se ne conoscano esattamente i contenuti e un'analisi nei termini del numero delle erbe e della quantità proporzionale di ogni erba.

Prenderne semplicemente troppe nella speranza che le cose vadano a posto è una scelta pericolosa a causa di alcuni effetti collaterali tossici degli elementi chimici contenuti nelle erbe.

Si sono verificati alcuni casi in cui una mancanza di comprensione, come nei punti sopra esposti, o peggio, un'estrema sottovalutazione della potenza delle cure medicinali, hanno causato il peggioramento della salute di alcune persone.

Alcune di queste persone sono state ricoverate, non per la loro malattia, ma per curare gli effetti collaterali di cure erboristiche mal somministrate.

Grazie agli inganni dei media moderni riguardo ai prodotti naturali come opposti a quelli di sintesi, si è sviluppata una tendenza nei paesi industrializzati secondo cui "naturale" e "sicuro" siano sinonimi.

Non lo sono affatto e sarebbe prudente evitare questo tipo di confusione.

Questo però non dovrebbe scoraggiarti o indurti a pensare che la medicina erboristica sia praticata da ciarlatani o piena di pericoli.

Come già accennato, questa tecnica curativa è stata impiegata per lungo tempo ed ha portato grandi benefici all'umanità.

Quando ci sono stati degli errori, questo è stato dovuto ad un giudizio incompetente da parte del guaritore o ad una dose eccessiva da parte del paziente.

Con un po' di attenzione, tutti possono prendere integratori o medicinali erboristici.

Ecco una scheda con alcune erbe comuni e i disturbi che possono alleviare.

Pepe	Colluttorio, antidolorifico, riduce la febbre, mal di denti
Anice	Semi bolliti e aggiunti al miele per rimedio contro la tosse
Basilica (da evitare per donne incinte)	Tè per emicrania Irrigazioni per la candida
Cumino	Contro i crampi mestruali, favorisce le mestruazioni
Pepe di caienna	Contro i dolori artritici (può ridurre il livello di zucchero)
Sedano	Sedativo, ipertensione, reni
Cicoria	Dissolve i calcoli biliari,

	purifica il fegato
Coriandolo	Evita avvelenamento alimentare
Chiodo di garofano	Mal di denti, aiuta a ridurre l'alcolismo
Aneto	insonnia
Finocchio	Alito pesante
Aglio	antibiotico
Zenzero	Diluisce il sangue
Cren	Congestione al torace, dolori muscolari
Liquirizia	Equilibra il sistema nervoso (un uso prolungato danneggia il fegato)
Origano	Abbassa la febbre
Menta	Bruciore di stomaco, mal di stomaco
Senape	distorsioni
Noce moscata	indigestione
Prezzemolo	Alito cattivo

Rosmarino	antiossidante
Salvia	Punture di insetti
Dragoncello	Insonnia, depressione
Timo	antibiotico
Curcuma	Anti-ossidante

Medicina Erboristica Cinese

Una delle più antiche culture che portò avanti uno studio approfondito sulle erbe ed altre piante in relazione alla salute umana fu la Cina.

La Medicina Erboristica Cinese (detta anche CHM – Chinese Herbal Medicine), subì molte evoluzioni, man mano che la conoscenza diventava più approfondita.

Ricorda che la natura delle malattie che affliggono l'umanità cambia nel tempo.

Nel corso dei millenni in cui la CHM era, per così dire, in fase di sviluppo, la natura di questi disturbi cambiava e la CHM dovette cambiare la sua modalità di pensiero e fare nuove ricerche per combattere nuovi attacchi al corpo umano.

Gli attuali ospedali cinesi sfruttano tutte le conoscenze della ricerca medica moderna, ma si affidano allo stesso tempo alla loro antica CHM per curare molte malattie e disordini.

La Medicina Erboristica Cinese ritiene di poter curare ogni malattia.

Questa pretesa è buona se consideri che la CHM utilizza l'approccio preventivo piuttosto che quello curativo. La CHM prima di tutto cerca di assicurarsi che nessuna malattia possa attaccare il corpo, e se lo fa, una diagnosi precoce rende possibile effettuare cure preventive.

In ogni caso, anche la Medicina Erboristica cinese può fare molto poco contro un problema come un cancro al terzo stadio.

Dopo i farmaci convenzionali, una maggioranza della popolazione mondiale usa la Medicina Erboristica Cinese come prima alternativa.

La CHM produce inoltre meno effetti collaterali se paragonata ai farmaci convenzionali.

La durata di un trattamento CHM dipende dal tipo di malattia e dalla sua gravità.

Per questo non c'è una durata predefinita del trattamento, questo viene personalizzato a seconda del bisogno.

Alcuni disturbi tra i più comuni che possono essere curati con l'aiuto della CHM sono:

allergie, problemi di digestione, problemi derivati da complicazioni al tratto respiratorio, disordini del sistema immunitario, molto tipi di dolore (interno ed esterno), disordini psicologici o problemi di caduta, la maggior parte delle malattie legate all'infanzia, un assortimento di problemi ginecologici.

Non c'è particolare limite d'età per l'applicazione della Medicina Erboristica Cinese.

Né alcun tipo di restrizione legata alla costituzione del paziente.

Comunque, come ogni tipo di trattamento, è bene conoscere approfonditamente i sintomi esistenti e la storia clinica del paziente (specialmente in relazione a conflitti e reazioni tra medicinali o allergie) che necessitano la dovuta considerazione prima che anche solo una dose di CHM sia prescritta.

A parte questo, non c'è problema nel prescrivere cure della Medicina Erboristica Cinese a donne in gravidanza o allattamento. Naturalmente, molto dipende da ciò che viene prescritto.

I medicinali erboristici cinesi sono disponibili sotto forme diverse e c'è scelta tra la versione tradizionale della CHM e la sua forma modernizzata.

Alcune persone trovano difficile abituarsi al sapore peculiare delle erbe cinesi, ma se insisti vedrai che presto ti sembrerà accettabile.

Non ci sono prezzi standard per la CHM per cui dovrai probabilmente andare a caccia del prezzo migliore. Nota che recentemente le compagnie assicurative hanno iniziato a coprire i costi delle terapie erboristiche.

Se hai intenzione di utilizzare la medicina erboristica e devi rinnovare l'assicurazione, forse ti conviene parlarne con il tuo assicuratore di fiducia.

Un modo in cui la Medicina Erboristica Cinese fa la sua magia è rimuovendo le tossine in eccesso nell'organismo. Questo si ottiene in diversi modi.

Uno è la terapia della dialisi del colon. Questa terapia è particolarmente efficace con le persone che stanno cercando di superare una dipendenza.

Anche se il corpo umano riceve tossine da varie fonti nel corso di una giornata, le dipendenze provocano un aumento rapido delle tossine in un breve lasso di tempo.

Ciò che è peggio, a seconda del tipo di dipendenza, l'espulsione delle tossine dal corpo viene inibita. La terapia della dialisi del colon supera queste inibizioni e fornisce una rapida via d'uscita per queste tossine.

Per quelle persone che sono abbastanza fortunate da sfuggire alle dipendenze, la dialisi del colon dà al meccanismo naturale di rilascio delle tossine una marcia in più.

Attualmente il PLA Institute of Drug Dependence Treatment and Rehabilitation (istituto per il trattamento e la riabilitazione della dipendenza dalle droghe) sta conducendo ricerche scientifiche per comprendere come la terapia della dialisi del colon possa aiutare persone che abbiano avuto una dipendenza a lungo termine dall'eroina.

L'obiettivo primario di questo studio è determinare se la terapia della dialisi del colon può aiutare queste persone ad astenersi dall'eroina e se può ridurne il desiderio e i sintomi derivanti dall'astinenza.

I medici del Royal Free Hospital, a Londra, hanno effettuato un altro studio sulla Medicina Erboristica Cinese.

In questo studio, i rimedi cinesi sono stati studiati per l'aiuto che potrebbero offrire a pazienti affetti da dermatite.

Per creare la "cura" che si stava studiando, sono state mischiate circa dieci erbe differenti.

La mistura fu data a quaranta pazienti adulti che avevano una lunga storia clinica di dermatite atopica. (comunemente conosciuta anche come eczema) Il periodo di valutazione durò cinque mesi.

Per un periodo di otto settimane durante lo studio, ai pazienti fu data a caso o la mistura testata o una mistura placebo con lo stesso aspetto e sapore.

Questo viene fatto per meglio monitorare le reazioni dei pazienti senza influenzarli. Dei quaranta pazienti, trentuno conclusero lo studio e tutti mostrarono continui e rapidi miglioramenti dell'eritema (pelle arrossata causata dall'eczema).

Ovviamente, lo studio concluse che la Medicina Erboristica Cinese è un rimedio efficace per la dermatite atopica nell'adulto.

Diversi tipi di medicinali erboristici

Ci sono molti aspetti positivi nella scelta della medicina erboristica. Tutti i farmaci che prendiamo devono superare una fase di test per ottenere l'approvazione degli organi di controllo.

Questo processo assicura che ogni singolo elemento chimico all'interno di un medicinale e le sue interazioni con il corpo umano (ed i conseguenti effetti collaterali) siano ben compresi, documentati e scientificamente dimostrabili.

Anche se i medicinali erboristici sono reputati meno complicati, bisogna ricordare che vengono prodotti da Madre Natura e che lei non ha bisogno di approvazione degli organi di controllo né di test scientifici.

Per fortuna, migliaia di anni di sviluppo hanno collocato la medicina erboristica all'interno di una certa "zona di sicurezza" che ha aiutato molti esseri umani a curarsi.

Per cui la medicina erboristica può essere rischiosa ma non c'è bisogno di preoccuparsene se prendi la semplice precauzione di consultare il tuo medico prima di assumere qualunque preparato erboristico.

I medici e i farmacisti sono dei manuali di farmacia ambulanti e ne sanno di più riguardo agli elementi chimici e cose del genere.

Possono consigliarti adeguatamente.

Un'altra cosa da sapere per quanto riguarda le terapie erboristiche è che diverse culture hanno creato diversi tipi di terapie erboristiche.

Per ultimo, grazie ad Internet ed al marketing online, non scarseggiano i truffatori che vendono radici e foglie che crescono nei loro giardini.

Accertati di acquistare medicine a base di vere erbe. Un'erba sbagliata potrebbe contenere tossine che renderebbero inevitabile un soggiorno in ospedale.

Alcune forme comuni di medicinali erboristici sono:

- Essenze. Probabilmente hai incontrato la scritta "essenza di..." qualche fiore o pianta leggendo una pubblicità di un prodotto cosmetico. Anche se le essenze tendono ad associarsi a questo tipo di prodotti a causa della massiccia pubblicità che se ne fa, alcuni oli essenziali possono essere anche utilizzati per scopi terapeutici. La popolarità degli oli essenziali ottenuti dalla spremitura a freddo o dalla distillazione a vapore nasce dal fatto che molte persone preferiscono farsi un massaggio che prendere una pillola. Il beneficio più comune degli oli essenziali è che aiutano il rilassamento, il loro effetto principale è quindi quello di produrre sollievo.
- Il massaggio del corpo può far rilasciare le tossine nei muscoli, aiutando il rilassamento.
- Il massaggio alla testa può allo stesso modo ridurre la pesantezza o in qualche caso, curare il mal di testa. Ugualmente, il massaggio toracico usando le essenze di alcune erbe può aiutare a combattere la congestione causata dal raffreddore.

- Pillole o capsule. C'era un tempo in cui questa opzione non era disponibile. Erano tempi bui per chi non sopportava il sapore dei medicinali alle erbe grezzi. Pillole e capsule sono una manna dal cielo per chi vuole provare la medicina erboristica ma non riesce ad inghiottirne i rimedi. Per convertire un'erba in una pillola o una capsula, bisogna prima farla seccare, ottenendo così la relativa droga e ridurla in polvere. Quello che è interessante è che ci sono pochissimi medicinali erboristici mirati per una particolare malattia sotto questa forma. In genere le pillole o capsule erboristiche agiscono come farmaco secondario, come supporto morale per un altro farmaco primario.
- Infusioni. La forma più conosciuta di infusione alle erbe è bere vari tipi di the. L'infusione richiede l'uso delle parti più delicate di un'erba (foglie, fiori e frutti) ed è facile da somministrare. Alcuni ingredienti per l'infusione possono essere: ortica, gambo d'avena, trifoglio rosso, foglie di lampone, foglie di consolida maggiore. Un'infusione

può essere preparata come il the che bevi di solito (però usando le erbe al posto delle foglie di the). La maggior parte dei medicinali rientrano in questa categoria, anche se la preparazione varia leggermente. Su Internet troverai diverse ricette per preparare vari tipi di infusi.

- Cataplasmi. Per ferite, infiammazioni, crampi o altri problemi spasmodici può diventare necessario applicare la mistura di erbe sotto forma di cataplasma. Le erbe necessarie vengono prima macerate o tagliate in pezzetti minuscoli. Poi vengono applicate direttamente sull'area interessata e coperte con un bendaggio freddo o caldo. In alcuni casi, la mistura viene applicata in uno strato sul bendaggio umido prima di avvolgerlo intorno all'area interessata.
- Grezze. Come dice il nome, a volte i medicinali erboristici vengono presi nella loro forma naturale senza additivi o modifiche che li rendano più appetibili. La maggior parte delle persone preferirebbe buttarsi da un ponte per evitare questa forma di medicinale. È come prendere una capsula, aprirla a metà,

mettersi la polverina sulla lingua e scioglierla lentamente come fosse cioccolato. Non è piacevole, almeno se le papille gustative funzionano correttamente. Non è strano che questo metodo sia poco amato. La buona notizia è che la maggior parte delle erbe che devono essere prese grezze possono anche essere infuse per farne un the medicinale, che è molto più sopportabile per i palati delicati. Alcuni ritengono che gli infusi aumentino il potere medicinale delle erbe grezze.

- Tinture. Oggi ci sono pochi bambini che vengono esposti a questo tipo di medicinale, ma solo vent'anni fa nessun ragazzo che si fosse sbucciato un ginocchio poteva sfuggire al terrore delle tinture. Si tratta di medicinali erboristici in forma liquida, che possono essere sia per uso interno che esterno. Le versioni più moderne sono più leggere di quelle più vecchie.
- Decotti. Un decotto è una preparazione liquida che si ottiene facendo bollire una pianta medicinale in acqua, di solito in proporzione di 5 parti di erba su 100 di

acqua. In genere vengono usate alcune parti specifiche delle piante in questo processo, come bacche, radici e corteccia. A seconda della consistenza delle parti di pianta utilizzate, preparare un decotto può richiedere fino a due ore. Il processo estrae gli aromi dalla pianta e ne aumenta la concentrazione attraverso la bollitura.

Queste erano più o meno tutte le forme disponibili di medicinali erboristici. A seconda dei tuoi bisogni o dei tuoi gusti personali potresti avere bisogno di prenderne alcune.

Integratori Alimentari Erboristici

Un integratore alimentare erboristico è un tipo di integratore alimentare che contiene erbe.

Un'erba è una pianta o parte di una pianta usata per il suo profumo, sapore o proprietà terapeutiche.

Gli integratori alimentari derivati dalle erbe in genere contengono più di un'erba.

Lo scopo di un integratore alimentare è quello di aumentare i benefici della tua normale dieta e di tamponarne gli effetti negativi.

Gli integratori alimentari erboristici sono ricchi di vitamine, minerali, amminoacidi etc.

Ovviamente gli integratori alimentari non devono essere utilizzati come trattamenti o cure di qualunque malattia o condizione medica.

Sono più efficaci come mezzi di prevenzione per aiutare il corpo ed il sistema immunitario a combattere le infezioni o le disfunzioni interne.

Per quelle persone che non riescono ad avere una dieta bilanciata, gli integratori forniscono i nutrienti necessari che mancano dalla loro alimentazione.

Molti integratori a base di erbe possono fornire un aiuto sostanziale per diversi tipi di condizioni mediche.

Alcuni integratori erboristici sono:

- Efedra. Questo integratore aumenta la resistenza del corpo al raffreddore, aiuta nel trattamento dell'asma e delle vie respiratorie superiori. Per le persone che si allenano regolarmente, l'efedra è un importante ingrediente nella maggior parte degli integratori per la perdita di peso.

- Magnesio. I minerali ed i sali sono i primi a scarseggiare in una dieta sbilanciata. Il magnesio è essenziale per prevenire malattie di reni, cuore e tiroide. Ci sono molti integratori alimentari erboristici ricchi di magnesio.

- Erba di San Giovanni. Conosciuta anche come iperico, erba Klamath o erba caprina, questo integratore è stato usato per secoli nel trattamento di disordini mentali o dolore ai nervi. In tempi più antichi veniva anche impiegato come sedativo e cura per la malaria. Oggi i suoi usi più comini sono il trattamento di depressione, ansia e disturbi del sonno. In genere viene assunto come infuso o come pillola.

- Vitamina E. L'ossidazione incontrollata del nostro corpo può produrre danni a lungo termine. Ecco perché il nostro corpo genera antiossidanti. In ogni caso, quando la produzione di antiossidanti scende sotto i livelli di sicurezza è necessaria un'integrazione esterna. Un antiossidante molto potente è la vitamina E. Gli integratori erboristici ricchi di vitamina E sono ottimi antiossidanti.

- Rame. Anche se metalli e minerali sono essenziali per il migliore funzionamento del nostro corpo, a volte non vengono assorbiti correttamente. Lo zinco è essenziale al nostro corpo e non c'è niente di meglio di un integratore alle erbe ricco di rame.

Questo tipo di integratore aumenta l'assorbimento di zinco. Il risultato è una migliore protezione contro malattie cardiache ed un colorito più sano della pelle e dei capelli.

- Acido folico. Da un certo punto di vista, l'acido folico è necessario più di ogni altra cosa perché può influenzare il nostro DNA. Esso è necessario per la produzione e manutenzione di nuove cellule (specialmente in gravidanza e nei lattanti). La duplicazione del DNA non può avvenire in assenza di acido folico. Esso previene anche il cancro che causa cambiamenti nel DNA. La carenza di acido folico ostacola il lavoro del midollo osseo dove vengono prodotte la maggior parte delle cellule. L'acido folico serve anche per produrre nuovi globuli rossi e prevenire l'anemia. Come vedi, la carenza di acido folico può essere devastante. Uno dei segnali precoci di carenza di acido folico è l'anemia. Un integratore erboristico che contenga acido folico sarà sempre buono per te, anche se non ai problemi al momento.

- Ferro. Nel corpo umano il ferro è il metallo più presente in assoluto. Gioca un ruolo importante in diverse funzioni vitali. Il ferro trasporta l'ossigeno ai polmoni ed ai muscoli sotto forma di emoglobina. Funge da mezzo di trasporto per gli elettroni tra una cellula e l'altra. È anche un catalizzatore per le reazioni degli enzimi nei tessuti. La carenza di ferro si verifica più spesso nei bambini e nelle donne in pre-menopausa. Può facilmente dimostrarsi fatale se non viene tenuta sotto controllo. Gli integratori alimentari erboristici ricchi di ferro possono aiutare a prevenire questa situazione.

- Vitamina B6 e B12. La carenza vitamina B6 (piridossina) può portare ad anemia, depressione, dermatite ed ipertensione. La mancanza di vitamina B12 (cobalamina) può portare all'anemia, perdita di memoria, e declino cognitivo. Si verifica più spesso negli anziani. In casi estremi può causare anche la paralisi. Viene usata spesso nel trattamento di alcolismo, depressione, diabete, perdita di capelli e stress. I vegetariani sono a rischio di carenza di vitamina B12 perché questa si trova naturalmente solo nella carne. Per questo, se sei vegetariano, un integratore erboristico di vitamina B6 e B12 è assolutamente necessario per te.

- The. Nella maggior parte dei the alle erbe (specialmente i The Medicinali Forti) vengono impiegate erbe che hanno proprietà antiossidanti utili nella prevenzione del cancro, di malattie cardiache e ipertensione. Poiché questi infusi non contengono caffeina o altri elementi simili, dal punto di vista della salute sono una scelta migliore di the e caffè.

- Vitamina D. Il corpo umano (specialmente la pelle) sviluppa da solo la vitamina D. Questa è necessaria per mantenere livelli normali di calcio e fosforo. Un risultato diretto della carenza di vitamina D è l'indebolimento dello scheletro, condizione conosciuta come osteoporosi, in cui le ossa diventano porose e si rompono facilmente. Gli integratori di vitamina D possono prevenire l'osteoporosi.

- Selenio. Questo è un elemento chimico così volatile che non si trova in natura allo stato libero. Tossico in grandi quantità, piccole tracce di questo elemento formano il centro di alcuni enzimi che sono vitali per il normale lavoro delle cellule in quasi tutti gli organismi viventi. Nel corpo umano agisce da antiossidante ed è anche importante per il normale funzionamento della tiroide. Cereali, carne, pesce ed uova sono ottime fonti di selenio. Poiché la maggioranza delle fonti è di origine animale, i vegani ed i vegetariani dovrebbero seriamente considerare gli integratori erboristici che contengono selenio.
- Vitamina A. Questa vitamina è responsabile del mantenimento della vista e di aiutare la crescita ossea. È anche un antiossidante. La maggioranza dei problemi di pelle e di vista sono legati ad una carenza di vitamina A quindi se hai qualcuno di questi problemi, considera un integratore ricco di vitamina A.

Vantaggi degli integratori erboristici

Ecco in breve i vantaggi della medicina e degli integratori erboristici:

- Sono economici. Hai dato un'occhiata alle fatture mediche dello scorso anno? Aggiungici tutto quello che hai pagato al tuo farmacista per farmaci da banco e da prescrizione. È una cifra paurosa? Se hai preso farmaci per il raffreddore o il mal di stomaco, forse è tempo di considerare i rimedi erboristici. Può donarti un portafoglio più sano, oltre che un corpo più sano.

- Puoi farli tu. Sapevi che i medicinali erboristici possono essere assemblati nella tua cucina? Ci sono migliaia di ricette erboristiche su Internet. Seguile come segui una ricetta per la torta ed ecco fatto! Medicina fatta dalle tue stesse mani. Se hai un giardino puoi persino coltivare tu le piante. Ma presta sempre attenzione ai prodotti che utilizzi e consulta sempre il tuo medico o farmacista prima di giocare al piccolo erborista!

- Sono naturali. L'uomo ha imparato a fare molte cose, ma la natura continua a saperne di più. Non importa quanto rumore facciano le case farmaceutiche, dovresti almeno fare un tentativo per ascoltare la tua voce.

Ecco ora la versione più lunga.

Medicinali, terapie ed integratori erboristici non sono cosa nuova.

Le persone le hanno usate per secoli ma è stato solo recentemente che la cultura occidentale ha riscoperto le meraviglie delle erbe.

In parte, questo è accaduto perché lo sviluppo della medicina allopatica, unito alla mancanza di supporto scientifico per la medicina non convenzionale ha dato una sgradevole (e piuttosto errata) reputazione ai medicinali ed agli integratori erboristici.

Scoperte più recenti hanno obbligato la comunità medica a riconsiderare i benefici delle erbe.

Questo ha fatto sì che la comunità occidentali si avvicinasse a tecniche di guarigione praticate in altre culture che si sono dimostrate più efficaci, o almeno complementari, ai trattamenti allopatici.

Le persone si ammalavano anche molto tempo fa, ed anche loro avevano bisogno di qualcosa che alleviasse il dolore e ne combattesse le cause.

In assenza delle moderne tecniche mediche, si affidarono a ciò che avevano intorno: piante ed erbe.

Presto riuscirono a curare vari disturbi, da mal di stomaco a depressione ed insonnia.

La moderna scienza medica sta scoprendo che questi semplici rimedi del passato non sono senza meriti, e che, se combinati con uno stile di vita salutare e le norme moderne per l'igiene personale, possono essere una forza potente per prevenire le malattie e migliorare la salute generale.

Poiché non producono alcuni dei più seri effetti collaterali della medicina convenzionale, questi integratori erboristici possono essere assunti per una varietà di ragioni preventive.

Per esempio, ci sono erbe che aiutano ad abbassare il colesterolo, aumentano la memoria, migliorano la concentrazione, rafforzano il sistema cardiovascolare ed aumentano le energie e la resistenza.

C'era un tempo in cui il cibo doveva percorrere distanze brevi.

I cereali arrivavano velocemente dal contadino, il latte e la pancetta arrivavano freschi dal lattaio, la maggioranza delle persone avevano un orto per coltivare le proprie verdure.

Quelli erano i tempi in cui non c'erano conservanti e fertilizzanti e, anche se sembra difficile crederlo, le persone erano più in salute allora.

La ragione di questo è che la produzione di massa e le pressioni delle aziende producono inevitabilmente una cattiva gestione ed un uso smodato di conservanti artificiali.

Per questo motivo, molto del cibo che mangiamo oggi è carente di vitamine minerali e altri nutrienti essenziali già prima di essere esposto sui banconi dei supermercati.

Non importa quanto l'etichetta sbandieri il fatto che i cibi nel pacchetto siano sani, i cibi freschi sono freschi, e l'uso di conservanti significa perdita di qualità nel cibo in onore del profitto.

Una dieta normale composta dagli stessi elementi ti lascerà in condizione di carenza di nutrienti importantissimi se i cibi consumati non sono freschi.

Questa è una delle ragioni per cui gli integratori alimentari a base di erbe sono improvvisamente diventati importanti oggi e per cui vengono studiati così da vicino dalla comunità medica.

Sono sicuri, sono il più possibile vicini allo stato naturale e fresco e sono il modo più efficace per assicurare alla gente comune tutto il carburante necessario per mantenersi in massima efficienza giorno dopo giorno anche in caso di diete scorrette.

È necessario però ricordare che, poiché gli integratori erboristici non sono soggetti alla regolamentazione governativa o ad una analisi generale, è probabile che alcune persone senza scrupoli mettano in commercio prodotti scadenti solo per fare soldi sfruttando la medicina erboristica o la mania degli integratori.

È essenziale evitare questo tipo di prodotti, perché il totale danno che faranno è ingiustificabile in rapporto al poco bene che potrebbero fare.

Quando vai a comprare prodotti erboristici, fai una ricerca approfondita riguardo all'azienda che li produce.

Stai facendo un acquisto per la tua salute, quindi assicurati che sia un acquisto sicuro, niente prodotti truffaldini o compagnie avide.

Cerca il Certificato di Analisi (COA) per ogni ingrediente dell'integratore.

Assicurati anche che la compagnia produttrice segua strettamente il processo di produzione GMP (Good Manufacturing Practice, Pratica della Buona Produzione).

Anche se i prodotti erboristici vengono venduti come prodotti individuali, è una buona idea cercare formule omnicomprensive, che contengano diversi estratti di erbe e una dose salutare di vitamine, minerali, aminoacidi e co-fattori.

Cerca di scegliere il tuo integratore erboristico tenendo presente un equilibrio tra l'avere un po' di tutto e restare sul lato della sicurezza.

Più importante, prima di fare un acquisto, stampa i dettagli dei prodotti che ti interessano e discutine con il tuo medico.

Alcuni integratori potrebbero essere più utili per te, ma di alcuni potresti non avere davvero bisogno. Il tuo medico può aiutarti con i dettagli pratici.

Gli integratori erboristici stanno diventando sempre più popolari.

La gente in tutto il mondo cerca sempre più modi per migliorare la propria salute e sempre più persone si rivolgono ai rimedi erboristici piuttosto che ai farmaci tradizionali che sono stati in voga nella storia più recente.

A causa di questa tendenza sempre in aumento, gli scienziati hanno finalmente deciso di condurre degli studi per determinare i benefici terapeutici e le applicazioni delle erbe e dei loro estratti impiegati nelle terapie e negli integratori erboristici.

La maggioranza di questi studi ha dimostrato che, insieme ad un corretto stile di vita e ad una dieta appropriata, prendere integratori erboristici può essere un grande beneficio per la salute generale.

L'uso di integratori alimentari ha avuto un forte incremento negli anni 90, ma da allora l'uso di tali integratori è andato in declino.

La leggera correzione di questa tendenza in discesa è stata attribuita all'aggiunta di integratori a base di erbe all'interno di famosi prodotti multivitaminici.

Nell'ultima decade, l'uso della medicina alternativa, e dei prodotti erboristici in genere, è aumentato considerevolmente.

Nel 2001, gli italiani hanno speso 4,2 milioni di euro per rimedi erboristici e botanici. Questo ha coinciso con la pubblicità di massa fatta dai media riguardo ai benefici che le persone potevano ottenere con l'uso di rimedi erboristici.

La percentuale di persone che utilizzano integratori è salita dal 14.2% (1998) al 18.8% (2002), con un minimo del 12.3% nel 2000 ed un picco massimo del 19.8% nel 2001.

Il numero di persone di età compresa tra 45 e 64 anni che assumono integratori è aumentato del 50% tra il 1998-99 ed il 2001-02.

Parlando in generale, si è scoperto che la maggioranza delle persone che assumono gli integratori erano anziani e soprattutto donne (59.9% contro il 55.5% degli uomini).

Ci sono molte ragioni per questo aumento, non ultimo il fatto che gli integratori a base di erbe apportano molti reali benefici.

Le persone possono prendere integratori per svariate ragioni.

Ci sono erbe come l'echinacea che sono molto efficaci in caso di raffreddore ed influenza.

Se ti senti sempre assonnato anche quando non c'è una debolezza del corpo, forse un the al ginseng ti darà una sferzata di energia, più di quanto può fare un cappuccino.

Il ginseng aumenta anche la resistenza sessuale, riduce il livello di stress e combatte gli effetti dell'invecchiamento come la perdita di memoria.

La medicina erboristica è varia e nella sua diversità copre un ampio spettro di condizioni in cui può essere utilizzata efficacemente come trattamento.

Inoltre, questi trattamenti possono essere condotti su diversi livelli, dai problemi generici quotidiani che richiedono solamente sollievo dai sintomi, a prescrizioni completamente personalizzate preparate per le condizioni individuali di pazienti sottoposti ad analisi approfondite da un medico erborista competente.

Alcuni rimedi erboristici non richiedono la consultazione di un medico erborista qualificato.

Problemi di entità minore come piccole infezioni, raffreddore, tosse, catarro, crampi allo stomaco o aerofagia, indigestione, costipazione ecc possono essere curati da soli, utilizzando medicinali erboristici da banco, chiedendo consiglio al farmacista.

Nel 10° secolo, gli Arabi inventarono un processo di distillazione per estrarre gli oli essenziali dalle piante.

Questi oli venivano inalati per l'aroma, bevuti come pozioni o indossati come amuleti aromatici.

Questo è uno dei primi utilizzi degli aromi come preferenza personale di un profumo.

Probabilmente è anche la radice dietro l'uso moderno di profumi e deodoranti.

Al giorno d'oggi, questa estrazione è usata principalmente per ottenere oli da piante e fiori per l'uso in aromaterapia.

Questo tipo di terapia, che non richiede nient'altro che la profonda inalazione di diversi tipi di oli alle erbe, è impiegato per curare moltissime malattie, sia fisiche che emozionali.

Mal di testa, herpes, pelle secca, acne, artrite ed asma sono solo alcuni esempi dei problemi che molte persone hanno curato con l'aromaterapia.

Di recente, la Francia e l'Inghilterra hanno iniziato a reintrodurre varie antiche tecniche curative nel mondo occidentale.

Questo processo è iniziato nel 1990 e l'aromaterapia acquisì maggiore approvazione popolare a partire da allora.

La Francia resta la nazione leader nel mondo per quanto riguarda la riscoperta delle tecniche antiche nell'uso moderno.

Molti medici francesi di spicco prescrivono di routine rimedi aromatici per i loro pazienti.

Una visita nella maggior parte delle farmacie francesi vi rivelerà che tutte sono ben rifornite di un'ampia varietà di oli essenziali.

Le compagnie assicurative in Francia sono più che disponibili a pagare i trattamenti che comprendono l'aromaterapia e altri metodi tradizionali.

Ci sono effetti collaterali delle cure naturali?

Uno studio scientifico ha rilevato che, anche se la maggior parte degli integratori erboristici sembrano innocui, alcuni tra i prodotti più diffusi presentano un particolare rischio.

Questo particolare integratore interagisce e riduce l'efficacia dei farmaci contenenti il principio attivo saquinavir.

Gli integratori erboristici servono per rafforzare il sistema immunitario, fornire energia pronta all'uso e migliorare la salute generale.

Anche se gli scienziati dicono che è necessaria una ricerca più approfondita per determinare quali integratori possono avere effetti negativi sul nostro corpo, o possono interagire con altri farmaci e ridurne l'efficacia, rimangono uniti nella loro opinione secondo cui molti dei così detti integratori innocui possono dimostrarsi dannosi.

Alcuni degli integratori erboristici più famosi sono la condroitina, l'efedra, l'echinacea e le glucosamine.

La condroitina è generalmente impiegata nel trattamento delle artriti ossee.

Un effetto collaterale della condroitina possono essere complicazioni nel sanguinamento.

Questo è più probabile se viene associata all'uso regolare di farmaci per fluidificare il sangue.

L'efedra è uno degli integratori preferiti per la perdita del peso.

Aiuta la perdita di peso, aumenta l'energia e può anche essere utilizzata per curare problemi al tratto respiratorio come asma e bronchite.

Recentemente la FDA ha bandito l'efedra a causa di effetti collaterali quali alta pressione, battito cardiaco accelerato, falso aumento del metabolismo: tutti questi problemi possono portare all'arresto cardiaco, aritmia cardiaca e può anche essere fatale in alcuni casi.

L'echinacea aiuta nella prevenzione e nel trattamento di infezioni virali, batteriche e da funghi.

Può anche aiutare a curare ferite croniche, ulcere ed artriti.

D'altro canto, può causare immunodepressione che fa perdere al corpo la capacità di auto-curarsi così che le ferite non si rimarginino da sole.

L'immunodepressione riduce inoltre l'efficacia del sistema immunitario, rendendo più probabili le infezioni.

Le glucosamine vengono spesso associate con la condroitina.

Contengono elementi chimici che mimano le funzioni dell'insulina e possono causare un comportamento improprio del corpo quando viene introdotta nel flusso sanguigno questa insulina artificiale.

Può essere specialmente negativa per i diabetici.

Altri rimedi erboristici sospetti di effetti collaterali negativi sono: il gingko biloba, l'idraste, il cardo, il ginseng, la kawa-kawa e l'aglio. È altamente raccomandabile consultare un medico prima di prendere integratori, sia erboristici che non. Più che informarti sui rischi potenziali per la salute il medico ti può dare consigli di valore su cibo, nutrizione e integratori.

L’Ayurveda

Le cure ayurvediche sono basate su antiche formule trascritte nell’antica tradizione ayurvedica. Il successo di una cura ayurvedica dipende dalla qualità dei suoi ingredienti.

Rivolgersi alle piante per i poteri curativi è un’idea antica e fu abbracciata dai primi medici dell’India antica.

L’Ayurveda è una medicina erboristica alternativa originaria dell’India che crede che i metalli pesanti siano terapeutici.

L’FDA ritiene che i metalli pesanti siano pericolosi per il consumo e questo è il motivo per cui i medicinali ayurvedici sono venduti come integratori in Italia.

L’Ayurveda è una delle prime medicine tradizionali ad aver stabilito la routine per una diagnosi corretta e le cure per diverse malattie.

Integratori alimentari naturali alle erbe

Le persone che scelgono integratori naturali o una dieta a base di cibi non raffinati di solito preferiscono inserire vitamine non raffinate.

Gli integratori naturali alle erbe spesso sono carenti di alcune vitamine che appartengono solo al regno animale per questo includere un integratore di vitamine è spesso una saggia decisione.

Ci sono molte aziende che producono queste vitamine.

Una ragione per scegliere queste vitamine è che non sono prodotte da un'industria, sono il più vicine possibile alla forma naturale, per quanto possa esserlo un prodotto confezionato.

Quando vai a comprare vitamine non raffinate, fai molta attenzione a non comprare prodotti che contengano conservanti o additivi.

Molte persone preferiscono gli integratori in forma liquida.

Se un professionista della salute ti raccomanda di prendere integratori, allora è tuo dovere assicurarti che il prodotto che acquisti sia al 100% naturale e non contenga elementi di sintesi.

È frequente che i prodotti non raffinati contengano una combinazione di vitamine, minerali ed altri nutrienti essenziali.

Non è probabile che tu riesca a trovarne uno con una singola vitamina o un singolo minerale.

Mangiare cibi non raffinati e prendere vitamine non raffinate è una buona idea, perché aiutano a mantenere in salute le cellule.

A causa dell'inquinamento ambientale ci sono troppi radicali liberi nell'organismo che possono causare danni cellulari.

I cibi non raffinati, in qualsiasi forma, possono aiutare a riparare quei danni. Un'altra opzione molto salutare è quella di scegliere quanti più cibi crudi sia possibile.

Oggi, grazie ai pesticidi, ai conservanti, ai trattamenti chimici e altri processi utilizzati nel trattamento dei cibi per renderli più salutari, vengono distrutti un numero considerevole di vitamine e altri nutrienti importanti.

Quando li porti in cucina, i cibi crudi sono già carenti di molti nutrienti.

Cucinarli peggiora solamente le cose, distruggendo altre vitamine e minerali.

Una dieta cruda ti assicura di ottenere il massimo dai cibi che mangi, quindi ti farà sentire meglio.

La nuova moda?

Nonostante l'aumento di popolarità che la medicina alternativa ha avuto a partire dalla fine del 20° secolo, ci sono ancora persone contrarie al fatto che queste alternative siano migliori della medicina convenzionale.

Il numero sempre crescente di aderenti alle terapie alternative ed ai rimedi naturali però fa da contrappeso.

Queste persone fanno la scelta di condurre una vita totalmente priva di farmaci.

Secondo loro, persino i farmaci legali prodotti dalle case farmaceutiche sono dannosi perché hanno una base sintetica.

Questa tendenza si sta diffondendo a macchia d'olio perché ci sono molti personaggi ricchi o famosi che adottano questo stile di vita.

Questi esempi di spicco preferiscono l'uso di rimedi alternativi anche per problemi semplici come mal di testa, dolori o crampi.

Rifiutano con fermezza l'uso di medicinali convenzionali e non prenderebbero mai un un'aspirina per la loro ferma convinzione in relazione ai benefici derivanti da uno stile di vita senza farmaci.

Poiché le cure ed i rimedi erboristici sono stati usati per diversi millenni, non dovrebbe sorprendere il fatto che la lista di malattie che possono curare sia esaustiva.

C'è un vasto numero di sintomi, malattie, problemi mentali, e alcune deformità fisiche (come l'acne), o condizioni imbarazzanti come l'alito cattivo, che possono essere efficacemente curati o significativamente migliorati attraverso l'uso di rimedi alle erbe.

E dopotutto, perché no? Non ti sei mai chiesto da dove vengono i farmaci? Ogni cosa ha le sue radici nella natura. Non ci sono medicinali di provenienza aliena.

Ogni farmaco disponibile sul mercato oggi, una volta usava sostanze naturali.

Questo fattore è cambiato quando la sintesi chimica all'interno di una fabbrica ha portato ad una più rapida produzione.

Questo è stato un bene, perché così molte persone potevano essere curate velocemente e questo ha reso alcune case farmaceutiche molto ricche.

È diventato negativo perché ora le stesse case farmaceutiche rifiutano di riconoscere le loro radici nella natura e di affermare la rispettabilità della scienza da cui sono nate.

Nota anche che lo stesso prodotto, nel suo stato naturale, richiede un processo più semplice per essere assorbito dal corpo se paragonato al suo equivalente di sintesi.

I prodotti naturali tendono inoltre a rilasciare un numero minore di tossine nell'organismo e per questo sono migliori dei prodotti artificiali.

Un po' di scetticismo è naturale quando si abbandona una vita di fede e dipendenza dai farmaci.

Quello che dovremmo considerare è questo numero crescente di persone che adottano uno stile di vita naturale e di fatto ne traggono beneficio.

Il fatto che ci siano alcune società che mettano in vendita prodotti naturali ed erboristici non testati aumenta solamente questo scetticismo.
In questa situazione, è tua responsabilità cercare il prodotto giusto e la società che lo produce.

Cerca sui siti neutrali, di terze parti le opinioni e le recensioni sul prodotto.

Che tipo di approvazione ha il prodotto? Viene controllata la purezza degli ingredienti? Qual è la fonte naturale degli ingredienti? Quali standard di produzione vengono seguiti?

Da quanto tempo la società è attiva? Queste sono domande legittime e di solito dovresti avere anche un apposito numero per contattare la società in modo da ottenere delle risposte.

Non importa per quale motivo decidi di prendere integratori erboristici.

Può darsi che vuoi solo migliorare la tua salute generale o forse stai cercando di combattere alcuni sintomi che indicano una carenza di qualche nutriente essenziale nella tua dieta.

Quello che importa è che un prodotto scelto male ti spingerà verso il gruppo di persone che pensano che questa storia delle cose naturali sia una buffonata.

Un integratore ben scelto invece potrebbe convertirti e far sì che ti metta a predicare la "buona novella" della vita naturale a tutti quelli che incontrerai per il resto della tua vita.

Rimedi naturali per la pelle

La cura biologica della pelle si riferisce all'uso di prodotti naturali per la cura della pelle.

Gli ingredienti di questi prodotti naturali provengono da coltivazioni biologiche situate in luoghi ricchi di nutrienti, a differenza di altri prodotti creati attraverso l'uso di ingredienti e processi sintetici.

La cura biologica della pelle utilizza diversi tipi di piante, estratti, erbe, fiori ed oli naturali.

I prodotti per la cura naturale della pelle sono una mera estensione delle terapie per la cura naturale della pelle.

I prodotti per la cura biologica del corpo sono atossici e pieni di nutrienti essenziali per la pelle estratti da fonti naturali.

Questi prodotti nutrono la pelle e la ringiovaniscono delicatamente. Alcuni dei problemi che possono curare sono occhiaie, rughe e brufoli.

L'effetto complessivo dei prodotti biologici per la cura della pelle è una pelle dall'apparenza più giovane e salutare.

Esistono diversi prodotti per la cura della pelle per il viso o altre parti del corpo.

Poiché la struttura della pelle è diversa a seconda della parte del corpo, è importante scegliere il prodotto giusto.

Oltre a ringiovanire la pelle, questi prodotti hanno un effetto lenitivo e curativo sul corpo.

Alcuni degli ingredienti sono ricchi di essenze lenitive che hanno un effetto calmante.

I prodotti biologici per la cura della pelle possono rinfrescare oltre che nutrire la pelle.

I prodotti più nuovi non si affidano solo alle piante e ai fiori. Alcuni hanno iniziato a impiegare qualità speciali di erbe o estratti di erbe.

Aloe vera, lavanda, jojoba, olio d'oliva ed estratto di rosmarino sono oggi ingredienti fissi in molti prodotti biologici per la cura della pelle.

Il nutrimento della pelle si ottiene attraverso pulizia, idratazione e tonificazione.

L'uso regolare di prodotti biologici per la cura della pelle ti assicurerà una pelle senza macchie, brufoli o allergie.

Questi prodotti mantengono anche la pelle morbida ed elastica. La pelle più sana produrrà meno rughe perché sarà più soda.

Rimedi erboristici per l'acne

Uno dei più potenti rimedi per l'acne è l'erboristeria.

Per le persone che sono contrarie a prendere farmaci per l'acne, questa è un'ottima alternativa.

L'unico problema dei rimedi alle erbe è che hanno un'azione molto lenta e ci può volere fino ad un mese perché i risultati diventino visibili.

Anche così, le cure casalinghe per l'acne possono essere un buon trattamento complementare a qualunque altro trattamento tu stia usando.

La ragione per cui i rimedi erboristici per l'acne richiedono del tempo è che dipendono dalla capacità del corpo di metabolizzare grassi e carboidrati.

I rimedi a base di erbe combattono l'acne favorendone l'eliminazione attraverso il sistema linfatico.

C'è una classe di erbe chiamate "erbe alternative". Queste erbe sono fondamentalmente usate con lo scopo di pulire i tessuti del corpo.

Sono erbe che aiutano il corpo nel processo di disintossicazione.

Non rimuovono però le tossine attraverso i normali percorsi per la disintossicazione come i polmoni, i reni o il colon.

Anche se non sono molto diffusi in occidente, i rimedi erboristici per l'acne hanno una lunga storia di successi nel trattamento dell'acne e sono così innocui che dovresti almeno provarli.

Inoltre, poiché la maggior parte di questi rimedi lavora dentro al corpo, non interferisce con i convenzionali prodotti tipici (da applicare esternamente) per l'acne.

Le erbe alternative sono molto leggere quindi il loro uso non provoca nessun disturbo.

Però, proprio perché sono leggere, richiedono un uso costante e prolungato nel tempo per dare dei risultati. Questo non toglie il fatto che i risultati siano migliori e di maggior durata.

Per di più, queste erbe hanno un effetto benefico su tutto il resto del corpo. Possono essere usate anche per trattare condizioni infiammatorie croniche.

Alcune erbe alternative sono la bardana, l'attaccamani, il trifoglio rosso, il favagello, la fitolacca, l'echinacea e l'iris versicolor.

Come molti rimedi erboristici, queste cure a base di erbe funzionano al massimo quando viene utilizzata una combinazione di erbe.

Una combinazione utilizzata frequentemente è quella con echinacea, bardana, iris versicolor e romice crespa. Mescola gli ingredienti e prepara un infuso caldo. Bevine una tazza tre volte al giorno.

Se non ti piace il sapore non aggiungere zucchero ma miele.

Una seconda combinazione è tarassaco, salsapariglia e bardana.

Unisci gli ingredienti in forma di erbe essiccate. Prepara un infuso come sopra e prendilo tre volte al giorno.

Un'altra ancora può essere lavanda, achillea millefoglie e sambuco.

Oltre a questi, esistono anche rimedi erboristici per l'acne per uso tipico.

Prendi il tea tree oil ed applicalo alla zona interessata dall'acne.

Quest'olio può essere un po' forte, quindi se hai la pelle sensibile diluiscilo con acqua.

Il succo di cavolo fresco è un'altra grande cura tipica per l'acne. È anche una scelta migliore per quelle persone che hanno la pelle sensibile e non sopportano il tea tree oil.

La calendula e la camomilla possono essere usate per un lavaggio anti-infiammatorio molto efficace.

Prepara un'infusione con queste due erbe, ma invece che berlo, lascialo raffreddare. Mettilo in frigorifero e, quando serve, picchettalo sulle zone interessate.

Anche i minerali come il potassio fosfato e il magnesio fosfato sono ottimi per la pelle. Lo zinco aiuta nella prevenzione delle cicatrici.

La vitamina C aiuta a curare le lesioni da acne, ed inoltre agisce da antiossidante.

Questi sono solo alcuni esempi di come i rimedi erboristici per l'acne possono essere d'aiuto.

Ricetta naturale alle erbe

È molto facile creare da solo i tuoi medicinali erboristici. Infatti, siccome molti rimedi erboristici sono più efficaci se consumati freschi, hai persino la migliore delle scelte: far crescere da solo le tue erbe.

Comunque, è necessario avere una conoscenza approfondita del processo per fare i tuoi rimedi o persino le piante coltivate in casa saranno sprecate.

Tieni sempre a mente che, al contrario dei medicinali moderni, i rimedi erboristici non sono questione di un giorno.

Hanno bisogno di tempo per mostrare il loro completo effetto perché lavorano più gradualmente.

Quando prepari i tuoi rimedi usa sempre contenitori non metallici o pentole smaltate.

Gli infusi sono bevande simili a tè che si ottengono unendo erbe fresche e acqua bollente. Il metodo più comune è l'immersione.

La razione tipica è da 15-30 g di erbe per mezzo litro d'acqua bollente. La mistura dovrebbe restare in infusione per circa 10 minuti.

Dopodiché dovresti filtrare l'infusione in una tazza.

Gli estratti a freddo fanno uso di acqua fredda anziché bollente.

Il vantaggio è che, al contrario che con la bollitura, alcuni degli ingredienti più volatili delle erbe non vengono sprecati con il processo di estrazione.

Per preparare estratti a freddo, raddoppia la quantità di erbe e lasciala in acqua fredda per circa 12 ore, poi filtra il preparato prima di berlo.

Il decotto è un metodo che si focalizza sull'estrazione dei sali minerali anziché le vitamine.

Si fanno bollire circa 15 g di erbe con una tazza di acqua per 4-5 minuti, poi si lascia in infusione per un paio di minuti prima di utilizzare il preparato.

Il succo delle erbe non dovrebbe essere estratto con un frullatore o la centrifuga.

Taglia e sminuzza le erbe per poterne spremere il succo. Aggiungi acqua a questo concentrato e poi spremine ancora un po'.

Non conservare il succo estratto in questo modo.

La polvere si ottiene sbriciolando le erbe essiccate. Può essere assunta con acqua, latte o zuppa.

Gli unguenti si possono preparare aggiungendo olio d'oliva ad un decotto preparato in precedenza e poi facendolo sobbollire finché l'acqua non sia evaporata.

Si può aggiungere cera d'api per migliorarne la consistenza.

Le essenze si possono preparare sciogliendo 15 g di olio essenziale di erbe in mezzo litro d'alcool.

Ricordati di consultare sempre il tuo medico o farmacista prima di assumere qualsiasi prodotto di origine vegetale, il personale sanitario è a tua disposizione e ha il dovere di informarti e consigliare la giusta cura dei tuoi disturbi.

Erbe in cucina e non solo

Introduzione Alle Erbe

L'utilizzo delle erbe naturali ha le sue origini nella notte dei tempi. I cinesi sapevano bene come usare queste erbe saporite per rendere sapido un piatto o curare allergie.

Le più comuni sono note per l'uso che se ne fa in cucina, e anche come medicamento. I nativi Americani conoscevano il valore delle erbe, che fosse per curare la tosse o per curare il mal di stomaco cera un'erba per ogni cosa.

Alcuni dei migliori piatti sono così saporiti proprio grazie ad un'erba. Cosa sarebbe una torta salata senza aggiunta di erbe. Anche le migliori salsicce devono il loro gusto alle erbe aromatiche. Molte di queste vengono coltivate nell'orto di casa. Molti non ne tengono conto finché non provano a cucinare senza di esse.

Anche un piccolo cespuglio in cortile di cui nessuno tiene conto può servire a mettere insieme un utile aroma. Sono lì da secoli. Durante un'escursione sulle Alpi due persone incontrarono un uomo che pareva loro fosse caduto ferendosi. Si rivelò la scoperta del secolo. Il corpo era quello di un uomo di 5 mila anni fa. Era stato colto dal grande freddo all'inizio dell'era glaciale.

Ciò che lo rende unico sono le cose che portava con se. Uno di questi oggetti era una piccola borsa di pelle piena di erbe. Si pensa fossero per scopi medicinali. Le erbe sono state oggetto di scambio in tempi antichi. I viaggi nel lontano oriente portarono in Europa spezie meravigliose come lo zenzero e la cannella. La salvia era richiesta in Asia.

Per la brama di avere queste piante medicinali e aromatiche si crearono molte vie di commercio. La richiesta di erbe aprì le porte a molte nuove culture diverse. Dapprima si usarono le erbe a scopo prettamente medicinale. Si scoprì che certe piante creavano un senso di benessere, rendevano il corpo rilassato o attenuavano il dolore.

La camomilla produce un effetto calmante. Molte mente possono ristabilire uno stomaco sottosopra. Per molto tempo le erbe erano l'unica medicina conosciuta. Una volta appurato che gli spiriti soprannaturali non erano la causa di molte malattie, le erbe divennero sempre più importanti. Con l'inizio di nuove pratiche mediche l'uso delle erbe divenne meno affidabile. In alcuni paesi diventò perfino illegale praticare l'uso della medicina erboristica.

Le erbe erano considerate scadenti. Molti di quelli che si erano affidati alle erbe per guarire furono considerati degli stregoni. Fu non prima degli anni '60 e '70 che le erbe ricominciarono ad apparire. Il loro uso ricominciò ad avere popolarità. Ora la gente si rende conto che molte malattie sono trattate più facilmente con erbe che con altre medicine.

Infatti, quando si scoprì che moti medicinali prescritti erano basati su rimedi naturali a base di erbe, alcuni abbandonarono le medicine e cominciarono ad assumere solo erbe naturali. In qualche modo, tuttavia, le erbe non hanno mai lasciato la pentola del cuoco. Fosse per aggiungere aroma a un dolce o una torta salata o insaporire uno stufato, le erbe son sempre rimaste in cucina.

Erbe in cucina

Chiunque abbia fatto qualsiasi tipo di cottura al forno o sui fornelli sa che il cibo guadagna sapore se condito. Ciò si può fare semplicemente con l'aggiunta di sale e pepe, o in modo più complesso usando un misto di spezie per un sapore perfetto. Ciò che fa meraviglia è sapere che il pepe è un'erba. Il pepe è una bacca proveniente dalla pianta Piper Nigrum. Pepe bianco e nero sono prodotti dalla stessa pianta. Le bacche non mature sono usate per il pepe nero, mentre quelle rosse mature sono usate per il pepe bianco.

Oltre al pepe, vengono usate molte altre erbe per creare capolavori culinari. Noce moscata, chiodi di garofano, e cannella sono varietà comuni di erbe usate in cucina. Salvia origano e basilico sono altre tre. Con la scoperta di molte altre piante dal sapore pungente, si cominciarono a fare piatti straordinari. Cosa sarebbe un panino di roast beef senza il cren. Provate a fare una bella salsiccia senza avere della salvia a portata di mano. Il Pane alle erbe sarebbe semplicemente pane se non fosse per il spore di quelle piccole birbanti.

Uno degli attributi più benefici è che le erbe non hanno calorie, non hanno acidi grassi, né colesterolo e in generale nessuna sostanza dannosa. Hanno solo un unico sapore che risveglia le nostre papille gustative. Quando si usano erbe in cucina è importante ricordare che un pizzico può fare la differenza. Troppo infatti può distrarre chi gusta un piatto dal suo proprio sapore naturale.

Lo scopo dell'uso delle erbe è di sottolineare i sapori naturali. Il troppo può sovrapporsi al cibo e mandare a monte un pranzo. C'è perfino un'erba che aggiunge la dolcezza dello zucchero senza tutte le calorie. Quest'erba è chiamata STEVIA. Sebbene non possa essere venduta per dolcificare i cibi, può essere usata al posto dello zucchero. Una foglia ha abbastanza dolcificante in sé da rendere dolce un bicchiere di limonata.

Puoi usare quest'erba in salse o condimenti per insalate invece dello zucchero per diminuire le calorie. Molte delle salamoie per carne in vendita derivano il loro aroma da erbe naturali. Puoi usare aneto con limone per il pesce. Zafferano nel tuo riso è sempre una buona scelta.

Mettere rosmarino su un arrosto di maiale o di agnello fa venire l'acquolina in bocca. Con così tante erbe diverse che ci sono sul pianeta, c'è qualcosa per ogni piatto che fai. Avere delle erbe in cucina è un'esperienza meravigliosa per un cuoco novello e per uno chef. Con la giusta miscela di erbe puoi strofinare la carne, fare minestre e basi per brasati o perfino un nuovo aroma di caffè.

Coltivare un orto di erbe

Il pensiero di camminare attraverso un giardino in un caldo giorno d'estate ci riporta indietro a memorie dell'infanzia ormai perdute.

Pensare di camminare in un giardino di erbe, con i profumi delicati che si diffondono ad ogni passo è qualcosa da favola. Puoi creare la tua favola facendolo nello spazio dietro casa.

Ci sono così tante cose da considerar quando decidi di piantar un orto di erbe. La prima è la collocazione.

Devi pensare che la maggior parte delle erbe verrà usata in cucina, il miglior posto dove metterle è nei pressi della cucina quindi.

E sempre meglio scegliere un punto del prato vicino alla porta. Potresti volere erbe fresche a disposizione per cucinare, ma averle a portata di mano è un punto chiave nel fatto che molte di esse finiscono nella pentola dello stufato.

Se le erbe sono a pochi passi dalla cucina è più probabile che tu esca a prenderle per farne uso.

Se devi andare in fondo al giardino potresti desistere dall'aggiungere quel particolare sapore al piatto che stai facendo.

Non c'è bisogno di acri di terra per avere un fantastico giardino di erbe. Puoi avere più che abbastanza spazio per le più comuni erbe in un'area di 1 metro quadrato e mezzo. Devi tener presente che le erbe tendono a diffondersi quando crescono. Puoi cominciare con quest'area e in pochi mesi avere tutto il prato coperto da esse.

Un posto soleggiato è una buona collocazione per il tuo giardino di erbe. Un posto che va parzialmente in ombra il pomeriggio è ancora migliore. Le erbe amano il sole, ma troppo sole può farle appassire o germogliare e andare in seme rapidamente.

Una volta andata in seme un'erba può diventare legnosa. Comunque, se non gli permetti di avere tutta la luce del sole potresti avere delle esili e piccole piantine. Non è questo che vuoi in un giardino di erbe. Insieme a una giusta crescita sono gli oli essenziali che danno alle erbe i meravigliosi aromi e profumi.

In pieno sole le piante possono sviluppare

un verde fogliame lussureggiante e oli dal profumo intenso. Il gusto si espanderà nell'aria quando li userai in cucina. E' basilare scegliere con cura la collocazione del tuo giardino di erbe. Se hai scelto quella giusta questo farà la differenza.

Scoprirai che dal momento che la maggior parte delle erbe erano una volta erbacce, e in molti casi ancora considerate tali, cresceranno in ogni tipo di terreno. Ricorda che sono piante e che devono essere trattate come tali. Le erbe amano un tipo di terreno neutro. Solo aggiungendo del composto di foglie secche e vangandolo sotto quando le pianti puoi far crescere il tuo giardino di erbe più bello che mai.

Più il terreno è buono più rigogliose saranno le piante. Comunque, la maggior parte delle piante cresceranno ovunque. In realtà può darsi che crescano fuori dall'aiuola che hai preparato per loro e nel prato. C'è un vantaggio in tutto ciò, il profumo è fantastico quando tosi l'erba, solo passando e sfregando appena le foglie aromatiche sprigionano un meraviglioso aroma nell'aria. Il maggior problema dei giardinieri novizi è cosa piantare e non piantare.

È raccomandabile non provare subito tutte le erbe. Il miglior modo di goderti il tuo giardino culinario è di scegliere quattro o cinque varietà rustiche di un'erba che userai in cucina. Ciò ti permetterà di iniziar con i primi passi sul come coltivare un giardino di erbe. È un'esperienza significativa che ti darà soddisfazione tutto l'anno.

Alcune delle più rustiche varietà comprendono basilico, origano, e menta. La maggior parte delle erbe sono abbastanza rustiche da poter essere coltivate in tutto il paese. Alcune possono essere coltivate solo in climi tropicali.

Devi controllare le zone ideali di coltivazione delle piante che andrai a coltivare prima di comprarle. Ciò per evitare delusioni. Coltivare erbe aromatiche non è affatto difficile. La maggior parte delle piante si bada da sé. Quando finalmente decidi per una parte soleggiata del giardino, assicurati che sia vangato e soffice. Il terriccio ricco può essere rinforzato con nutrienti se vuoi. Un fertilizzante standard da giardino è sufficiente.

Puoi cominciare a coltivare le piante in casa durante l'inverno, sei settimane prima dell'ultima gelata, o seminare direttamente in casa.

Assicurati se cominci a seminare in casa, che le piante siano robuste e possano essere trapiantate. Alcune non amano essere trapiantate quando cominciano a crescere.

Quelle di facile coltivazione come la menta sembrano moltiplicarsi se maltrattate. E' come se niente possa distruggerle.

Le piante coltivate in casa non devono essere piantate in giardino finché c'è pericolo di gelata.

Il terreno deve essere caldo e pronto per la crescita.

Se pianti i semi troppo presto i semi faranno solo radici e non germoglieranno. Il sistema migliore è di seminare al coperto, in questo modo non c'è pericolo che il tempo cambi e i semi muoiano. Per fare ciò è meglio usare dei seminatoi.

Puoi contrassegnare ogni contenitore con la varietà di semi che contiene, saprai così cosa è cosa. All'inizio si assomiglieranno tutti. Si possono acquistare seminatoi con irrigazione inclusa o mantenere una fonte di irrigazione costante collegata. Non è affatto difficile coltivare le erbe. Devi solo aver pazienza.

Potresti volere una sostanza sterile per iniziare la coltivazione. Una buona base può essere fatta con un buon terriccio da vasi. Un terriccio pieno di rami e detriti può contenere ancora contaminanti. Questo non è un buon terriccio da vasi per coltivarvi delle erbe. Puoi usarlo in seguito per mettere le piante in vaso, ma non usarlo per seminarvi i semi. C'è chi è stato fortunato e chi ha avuto delusioni. E sempre meglio comperar un buon terriccio senza contaminanti. Il terriccio può essere messo nei seminatoi a due dita di profondità, questo permetterà alle nuove piante di fare un buon apparato radicale.

La vita delle piante è nelle loro radici. Devi assicurarti che siano in grado di espandersi. L'annaffiatura di un nuovo apparato radicale può essere difficile. È per questo che consiglio un sistema di annaffiatura automatica.

Il terreno non si asciuga né diventa troppo umido. C'è abbastanza umidità per far germogliare i semi. Alcuni mettono i germinatoi sui caloriferi per mantenere il terreno caldo. Non è necessario per farli germogliare.

Si dovrebbe coprire i vassoi con un coperchio. Alcuni lo hanno all'acquisto, altrimenti puoi farne uno con del nylon. Toglilo appena le piante appariranno. Possono passare fino a due settimane perché alcuni semi comincino a germogliare. Sarà quando vedrai piccoli germogli ovunque. Non cercare di diradarli. Dovresti in ogni caso togliere la plastica che li copre. Ed ecco un trucco di cui valerti.

Le piante erano in un posto caldo quando erano coperte, così toglierai il nylon per alcune ore per un paio di giorni per permettere loro di acclimatarsi. Questo permetterà alle piantine di abituarsi all'aria più fredda della casa. E tratterrà quel tanto di umidità richiesta per crescere. Non c'è bisogno di concimare a questo punto. Sarà più avanti. Quando saranno più cresciute e irrobustite. Al formarsi delle vere

prime foglie, non mentre crescono ma una volta complete potrai cominciare a diradare togliendo le piante in eccesso.

Lascia circa 5cm di spazio tra una e l'altra. Devi pensar che le erbe naturali sono in effetti erbacce. La più forte sopravvivrà. Le nuove piante sono un po' capricciose. Non puoi ignorarle e pensare che sopravvivranno. Una illuminazione e irrigazione adeguate sono necessarie per la loro crescita. Quando saranno più alte le trapianterai in contenitori così che possano crescer più resistenti, pronte per l'esterno. Il terreno in cui trapianti le piantine deve essere soffice e morbido. Le radici devono respirar e non affogare.

Un drenaggio adatto è anche necessario quando le trapianti. Orientati verso vasi di piccole dimensioni. Vorrai che si sviluppi un buon apparato radicale ma allo stesso tempo vuoi forzare una certa crescita verticale.

Man mano che le piante si sviluppano le vorrai acclimatare. Non devi fare altro che portarle fuori a prendere un po' d'aria fresca. Quando fa abbastanza caldo le metterai all'aperto ad assorbire la luce del sole. Questo le temprerà per stare all'aperto.

Se salti questo passaggio le piante possono subire uno shock. Metterle semplicemente fuori in giardino senza una lenta acclimatazione potrebbe causarne la morte. Non sono abituate alle notti più fredde e giorni più luminosi. Questo tende a metterle in uno stato di shock. Le piante non amano essere shockate.

Una volta che hai acclimatato le piante per una settimana più o meno, puoi cominciar a trapiantarle in giardino. Seleziona il punto dove vuoi far crescere ogni pianta. Garantisco che non sarà il posto dove staranno. Le erbe naturali hanno tendenza ad espandersi e lo faranno. Copriranno tutto lo spazio se glielo lasci fare. Il bello delle erbe è che le coltivi perché vuoi farne uso. Per usarle devi ridurle. Potare e estirpare riduce la crescita e l'espansione.

C'è anche un modo per tenere il tuo giardino di erbe sotto controllo. Puoi coltivare la tua collezione di erbe in un contenitore! Ciò assicurerà che la crescita e l'espansione non ti sfuggano di mano.

La raccolta delle erbe

Una delle cose più belle del coltivar erbe è saperle usare. Dalla foglia di melissa in un bicchiere di tè al dolce basilico in una salsa marinara, le erbe possono aggiungere i sapori più meravigliosi. Un tipico esempio del perché dovresti volere un giardino delle erbe è questo. Immagina un caldo giorno estivo quando l'unica cosa che può rinfrescarti è un bicchiere coperto di brina di tè ghiacciato.

Puoi fare il tè, versarlo sul ghiaccio, aggiungere una foglia della pianta di stevia, una di melissa ed avrai un magnifico bicchiere di tè al limone dolcificato. Devi capire una cosa sulla raccolta delle erbe. Devi farlo spesso per permettere alla pianta di crescere bene. Una volta che la pianta inizia a fiorire, non farà più foglie. Se la tieni ben potata eviterai che vada in fiore.

Ci sono diversi tipi di erbe:

1) Erbacee; queste andranno a riposo d'inverno e si risveglieranno in primavera. Queste piante non necessitano di un'attenta potatura. Basta tagliare quel che ti serve e continueranno a crescere. È raccomandabile lasciare almeno due foglie. Dovrai farlo sicuramente in primavera per permettere loro di irrobustirsi. Queste erbe sono pure ed adatte ad essere coltivate in contenitori, specialmente le varietà di menta.

2) Sempreverdi; queste richiedono di essere potate almeno una volta all'anno. Puoi farlo più spesso, e si spera tu lo faccia per la cucina, ma devi anche lasciare parte della pianta perché cresca. In caso tu voglia eliminare dei rami vecchi questo sarà utile ai nuovi getti per avere la luce del sole e non essere troppo fitti.

3) Annuali; Le erbe annuali devono essere piantate ogni anno. Potrebbe darsi che non si riesca a farle sopravvivere

all’inverno perché non le puoi portare al coperto. Anche se dedichi loro le massime cure non meravigliarti se le vedi appassire.

Quando raccogli erbe dal tuo giardino, ne vorrai farne uso immediatamente. Questo permette alla pianta di continuare a produrre germogli durante la stagione della crescita. Più avanti raccoglierai alcune parti per farne uso durante l’inverno. Quando raccogli le piante per i mesi invernali devi assicurarti di raccogliere il giusto quantitativo di erbe. Prima di riporle in dispensa assicurati che le erbe siano completamente essicate.

Essiccare le erbe

Non è difficile raccoglier le erbe. Un semplice colpo di forbice o di coltello ed è fatto. Essiccarle può essere un problema se non sai come farlo. Se ricordi che un’erba è come qualsiasi altra pianta è facile capire come trattarle. Prima raccogli le erbe che essiccherai. È meglio tagliar steli lunghi piuttosto che molti e corti. Appenderai le tue erbe a testa in giù in luogo ben ventilato. Non appenderle in pieno sole.

Sebbene il sole le faccia crescere rigogliose, la luce può far perdere loro parte della loro efficacia quando si seccano. Quando hai tagliato quattro o cinque lunghi steli di 20-25cm circa dalla tua pianta scuotili leggermente. Questo assicurerà che non ci siano insetti sulle foglie o sui rami. Strappa via le foglie secche o ammalate.

Assicurati di tagliar via anche gli ultimi 8cm di stelo. Devi legare assieme i rametti dalla parte spoglia.

Puoi usare un cordino o se vuoi anche un elastico. Dopo aver legato le erbe in mazzetti, mettile in un sacchetto di carta scura nel quale avrai praticato dei fori per la ventilazione. Chiudi legando il sacchetto e lascia i gambi spogli che escano. A questo punto puoi appendere tutto il sacchetto usando lo stesso cordoncino che hai usato per legare tutto.

Tienile d'occhio durante questa fase. Non vorrai che ammuffiscano. Una volta completamente asciutte puoi prepararle per la conservazione. Ciò può richiedere una settimana o due. Sii paziente. Puoi anche essiccarle ventilandole. L'essicazione comporta stendere le foglie su dei retini in modo che l'aria possa entrare da ambo i lati della foglia.

Questo permetterà che la foglia essicchi in modo uniforme. E' meglio usar un retino per ogni tipo di erba. Non vorrai rischiar di essiccare la menta con l'origano. Non fare l'errore di pensare che non ne userai molto.

D'estate quando ne hai in abbondanza potresti non accorgerti di quante erbe usi. Questo perché la pianta cresce in continuo facendo fronte alle tue necessità. Le erbe essiccate sono più forti di quelle fresche. Le fresche contengono acqua. Quelle essiccate contengono un olio essenziale più concentrato. Ti accorgerai che non avrai bisogno di usare la stessa quantità di erbe essiccate per avere lo stesso gusto.

Tuttavia, con l'abilità di conservare le tue erbe potresti volerne avere una quantità sufficiente fino alla primavera seguente. Si pensa erroneamente che le erbe possono essere essiccate o riscaldate per essere forzatamente essiccate in forno. Questo non è il miglior modo di farlo. Il calore può infatti rilasciare gli oli essenziali che danno alle erbe i meravigliosi aromi e sapori.

Non ha senso usare un sistema di essiccazione che fa rilasciare prematuramente l'unica cosa che rende le erbe così desiderabili. La cosa importante da ricordar di tutto ciò è quella di assicurarsi che le erbe siano tenute in un luogo caldo, asciutto, ventilato mentre aspetti che si essichino.

Conservare le erbe

Per conservare le erbe ci sono molti modi,

tuttavia alcuni sono davvero migliori di altri. È solo una questione di gusti. Puoi legger qui di seguito e poi scegliere quale adottare.

Il primo metodo che la maggior parte delle persone trovano molto semplice è congelare. Ci son due modi di congelar le erbe. Devi raccogliere le foglie fresche e metterle su un foglio di alluminio nel congelatore.

Quando sono congelate completamente, mettile in un sacchetto, etichettale, con data e contenuto, e rimettile in congelatore. Non aspettarti che abbiano lo stesso aspetto di quando erano fresche quando le scongelerai. Ti saranno utili per cucinare.

Un altro modo di congelare le erbe fresche è questo (è uno dei miei preferiti). Riempi un vassoio per congelare il ghiaccio con le foglie sminuzzate della pianta che vuoi congelare. Riempilo d'acqua e congela. Quando i cubetti di ghiaccio sono gelati completamente separali e mettili in sacchetti che avrai etichettato come sopra.

Puoi togliere un cubetto alla volta quando ti serve per aggiungerlo a stufati minestre o altri piatti. Si possono conservare anche le erbe essiccate nel freezer. Questo evita che diventino rancide per essere state conservate troppo a lungo. Questa è una buona precauzione se non le hai lasciate essiccare abbastanza a lungo. Ci sono volte in cui credi che siano secche ma poi scopri che ammuffiscono nei vasi. Questo significa che c'era ancora umidità nelle foglie.

Quando congeli le erbe essiccate, se c'è ancora umidità non influirà sulla conservazione.

Molte volte troverai più semplice conservare erbe essiccate in contenitori. Il migliore è quello che non lascia entrare luce. Puoi trovare molti vasi in farmacia con coperchi a tenuta stagna o perfino sigillati con tappi di gomma. Questi sono i contenitori perfetti.

Con un vaso di colore scuro la luce non può arrivare sulle erbe. La chiusura perfetta assicura che non entri neanche aria.

Conservare erbe in olio è anche un buon metodo di conservarne il profumo. Finché l'olio resta fresco puoi tenere le erbe. Assicurati che le foglie siano asciutte ed inseriscile in un vaso riempito di olio.

Questo conserverà il sapore. Se l'olio va a male, di solito ci impiega circa 6 mesi, ci si deve liberare delle erbe. Uno dei benefici di conservare le erbe nell'olio è che ti ritroverai con un olio balsamico che è eccellente per cucinare.

Aggiungere erbe nella pentola

Bollire l'acqua può essere una sfida per un cuoco novello. Aggiungi alcune erbe a quella pentola d'acqua e avrai la base per una grande minestra.

Ogni piatto può essere migliorato con l'uso di erbe. La loro fragranza naturale e il profumo, aggiungono quel mix perfetto per fare di un pranzo un evento da ricordare.

Erbe come origano e basilico sono la base dei piatti mediterranei.

Coriandolo e cumino sono quelli che rendono il gusto dei piatti messicani così autentico.

Spezie più esotiche come il pepe della Giamaica o lo zenzero possono aggiungere bellezza alla cucina come pure una gioia per il palato.

C'è una differenza tra l'uso di erbe fresche ed erbe essiccate in cucina.

Quelle fresche aggiungono un delicato aroma, ma gli oli essenziali non sono così concentrati come nelle erbe essiccate.

La regola empirica generale è che un cucchiaino da te di erbe essiccate è uguale ad 1 cucchiaio di erbe fresche.

Ecco alcune erbe e i loro usi in cucina

Nome	Uso	Tipo
Angelica	Marmellate, bevande, canditi	Biennle
Alloro	Minestre, salse, pesce	Annuale
Maggiorana	Minestre,salse, canditi	Perenne
Menta(e)	Tè, marmellate, canditi	Perenne
Origano	Cibi italiani, salse	Perenne
Prezzemolo	Insalate, guarnizione, salse	Annuale
Rosmarino	Carni, salse, agnello	Annuale
Salvia	Salsicce, pesce, sformati	Perenne
Santoreggia	Ripieni	Perenne
Stevia	Bevande, salse, minestre	Perenne

Mix di erbe fatte in casa

Puoi miscelare erbe insieme per ottenere fragranze e sapori diversi.

Alcune delle più popolari sembrano completarsi a vicenda come anche le pietanze in cui le mettiamo.

Con un'infinita disponibilità di erbe fresche, che puoi essiccare, non c'è fine alle misture che puoi fare per intingoli, insalate o banchetti e antipasti.

Ne ho aggiunte alcune delle mie preferite per darti un'idea di quel che puoi fare con le erbe che coltivi.

Condimento per taco

2 cucchiaini da tè di brodo di manzo o pollo (in polvere o granulare) 4 cucchiaini di amido di mais

¼ di tazza di
fiocchi di
cipolla essiccati
4 cucchiai di

chili in polvere

3 cucchiai di cumino macinato

3 cucchiaini di fiocchi secchi di aglio

2 cucchiaini di fiocchi di
peperoncino piccante 1
½ cucchiaini di origano
secco

Mescola il tutto. Riponi in vaso o sacchetto fino all'uso. Aggiungi tre cucchiai di questo mix a ½Kg di carne tritata, più una tazza d'acqua.

Fai sobbollire fino ad avere la consistenza desiderata. Sale e pepe a piacere.

Aromi per torta di zucca

5
cucchi
ai di
cannell
a
macina

ta 4 cucchiaini di zenzero

2	“	chiodi di garofano
2	“	noce moscata
2	“	pepe di Caienna

Usa questo mix per la tua torta di zucca ogni volta che lo trovi indicato negli ingredienti. Due cucchiaini da tè sono sufficienti per una torta.

Cinque spezie orientali

1 cucchiaio pepe macinato

1	“	chiodi di garofano
1	“	cannella in polvere
1	“	zenzero
1	“	finocchio in polvere

Queste sono le spezie più usate in molti piatti orientali. Io le uso in tutti i miei piatti saltati.

Ci sono molti piatti che puoi fare in casa invece di comperare le versioni pronte in scatola. Fresco è sempre meglio. Quando assaggi la ricetta che hai fatto con le tue erbe naturali, non vorrai più usare cose pronte.

Una delle ricette preferite per tutta la famiglia è un contorno di riso alle erbe. E' molto semplice da fare. Devi solo conoscere i componenti. Eccoli qui di seguito:

Contorno di riso alle erbe

½Kg di riso a grano lungo (a me piacciono i semi-integrali o riso nero)

1 cucchiaio di dragoncello in polvere

1 " sedano in polvere

1 " cipollina essiccata

1 " cipolla tritata secca

1/3 tazza prezzemolo secco Sale e pepe a piace

Mescola tutto e metti in un vaso ermetico.

Porta a bollire in una pentola 1 tazza e 1/3 d'acqua. Aggiungi ½ tazza di riso all'acqua, Fai sobbollire per 20 minuti. Separa con una forchetta e servi.

Condimento per pasta

4 cucchiai da tavola origano

4	"	maggiorana
4	"	timo
4	"	basilico
2	"	rosmarino
2	"	santoreggia

Mescola bene e usa come condimento per condire la pasta. Questo va anche benissimo semplicemente spolverato sulla pasta con aggiunta di olio d'oliva.

Puoi farne un pranzo aggiungendo ½Kg di salsiccia. 1 tazza di parmigiano, cipolla saltata e peperoni verdi. Ai bambini piace questo abbinamento. Dagli un brio aggiungendo fettine di peperoni.

L'armadietto delle erbe medicinali

Nessun libro sulle erbe sarebbe completo senza un'occhiata ad alcuni dei rimedi erboristici che vengono usati oggi.

Molti trovano le medicine tradizionali meno favorevoli rispetto ai rimedi erboristici che vengono offerti, spesso perché questi ultimi presentano meno effetti collaterali.

Ci sono perfino dei medici che preferiscono prescrivere dei rimedi erboristici quando altri medicamenti non funzionano.

Attezione: le seguenti informazioni sono solamente a scopo descrittivo e illustrativo.

Non è assolutamente sostitutiva ad un parere medico. In nessun caso è consigliabile aggiungere qualcuno dei rimedi descritti nella propria dieta senza prima consultare il medico. In caso di gravidanza o allattamento e bambini al di sotto dei 3 anni non devono usare rimedi erboristici se non specificamente prescritti dal medico.

Ci sono tutti i tipi di rimedi della nonna su erbe che curano tossi e raffreddori.

Ci sono i rimedi erboristici che molti ancora usano ai nostri giorni.

Ad esempio il fatto di curare con l'impatiens (pianta di vetro, Balsamina) un irritazione da contatto con l'edera velenosa, oppure l'uso delle bacche delle rose canine per un maggior apporto di vitamina C sono semplici rimedi che sono stati usati per anni.

Anche l'essenza di chiodi di garofano può alleviare

un mal di denti quanto un gel che si acquista in farmacia.

Il tè di camomilla fa meraviglie come sonnifero. La menta piperita può alleviare una pirosi meglio di qualsiasi anti-acidità.

Ci sono molte erbe che hanno notevoli proprietà curative. Possono curare allergie, infiammazioni, e altri disturbi.

Alcune si trovano nei fossi e altre possono crescere nel tuo giardino e possono servire per curare una tosse, una puntura di ape, o un dolore muscolare.

C'è sempre la possibilità di una reazione allergica a qualsiasi forma di medicina, sia essa prescritta, da banco, o un'erba naturale.

Per questo è così importante parlare con un medico prima di decidere di provare qualsiasi tipo di medicina fai da te con erbe naturali.

Proprio come certuni sono allergici al latte o alle fragole, qualcuno potrebbe essere allergico alla valeriana o alla bardana.

Se provi a fare delle ricerche sui rimedi naturali sarai sorpreso di quello che queste piccole erbe possono fare per la tua salute.

Ecco alcune erbe comuni e i disturbi che possono alleviare.

Pepe	Colluttorio, antidolorifico, riduce la febbre, mal di denti
Anice	Semi bolliti e aggiunti al miele per rimedio contro la tosse
Basilica (da evitare per donne incinte)	Tè per emicrania Irrigazioni per la candida
Cumino	Contro i crampi mestruali, favorisce le mestruazioni

Pepe di caienna	Contro i dolori artritici (può ridurre il livello di zucchero)
Sedano	Sedativo, ipertensione, reni
Cicoria	Dissolve i calcoli biliari, purifica il fegato
Coriandolo	Evita avvelenamento alimentare
Chiodo di garofano	Mal di denti, aiuta a ridurre l'alcolismo
Aneto	insonnia
Finocchio	Alito pesante
Aglio	antibiotico
Zenzero	Diluisce il sangue
Cren	Congestione al torace, dolori muscolari
Liquirizia	Equilibra il sistema nervoso (un uso prolungato danneggia il fegato)

Origano	Abbassa la febbre

Menta	Bruciore di stomaco, mal di stomaco
Senape	distorsioni
Noce moscata	indigestione
Prezzemolo	Alito cattivo
Rosmarino	antiossidante
Salvia	Punture di insetti
Dragoncello	Insonnia, depressione
Timo	antibiotico
Curcuma	Anti-ossidante

Conclusione Erbe

Ci sono molte erbe che crescono in giro per il mondo.

Che tu le chiami erbacce o erbe, le piante sono ovunque. Queste meraviglie versatili hanno diversi compiti, sia quello di abbellire il paesaggio che quello di insaporire i nostri piatti.

Quando sei in giardino, l'ansia e lo stress del giorno sembrano svanire. Non c'è tempo per telefonate, per la giornata di lavoro che è stata un disastro... E' il momento in cui devi rilassarti e godere la natura.

Il profumo delle erbe naturali aleggia nell'aria e basta quello a far viaggiare la tua mente verso paesi lontani. Praticamente puoi creare un paradiso con le erbe che pianti nel tuo giardino. Le erbe non devono essere piantate in un posto particolare del giardino, anzi.

Puoi piantare l'echinacea e la calendula insieme ai fiori, l'Actaea racemosa fa da "sfondo" fantastico per le altre erbe fiorite. È una gioia poter uscire raccogliere un rametto di menta da masticare, o tagliere basilico fresco per un bel pesto classico.

Sapere che hai un intero scaffale di spezie a tua disposizione può farti diventare uno chef più creativo. Puoi scoprire che alcune erbe si abbinano naturalmente, come il chiodo di garofano e la cannella o il rosmarino e l'origano.

Diventando più pratico nell'uso delle erbe e dei loro sapori da aggiungere ai tuoi piatti, sarai più propenso ad usarle. Vorrai anche aggiungere delle nuove varietà al tuo giardino.

Sapendo che c'è un'erba per ogni piatto, ti verrà voglia di utilizzare erbe aromatiche perfino per i dolci e i biscotti. Ti ritroverai a sperimentare nuove ricette solo per provare le tue erbe. La freschezza nel gusto si noterà in ogni piatto che creerai.

Riceverai complimenti per la scelta degli aromi che avrai inserito nei tuoi piatti.

Sia che tu decida di piantare un giardino di erbe per divertimento o per avere erbe aromatiche a portata di mano, ne varrà sicuramente la pena. Puoi sempre raccoglierle fresche ed essiccarle per farne dei regali sicuramente più graditi del solito libro o dvd. Non c'è limite alla creatività con cui le erbe influiranno sulla tua vita.

Grazie, spero che questo libro ti sia stato utile, non dimenticare di mettere in pratica tutto ciò che stai apprendendo. È davvero è importante!

Ricette ed alimentazione contro la stitichezza

RACCOMANDAZIONI DIETETICHE GENERALI

Assumere un'adeguata quantità di fibra. Idratarsi a sufficienza. Seguire una dieta bilanciata.
I due capitoli che seguono indicano gli alimenti consentiti con moderazione e quelli consentiti e consigliati in caso della patologia indicata. Nel seguire le indicazioni si deve però tenere conto che, per ottenere una corretta ed equilibrata alimentazione che fornisca all'organismo tutti i nutrienti di cui necessita, occorre assumere la giusta quantità (porzione) dell'alimento e rispettare le frequenze con le quali alcuni alimenti debbono essere consumati, giornalmente o settimanalmente, all'interno di uno schema alimentare personalizzato. L'alimentazione della giornata deve rispettare il bilancio energetico di ciascuno e l'energia introdotta deve essere uguale a quella spesa per non aumentare il rischio di sovrappeso, obesità ma anche di malnutrizione.

ALIMENTI CONSENTITI CON MODERAZIONE

In questa categoria sono presenti gli alimenti definiti "astringenti" poiché possiedono componenti non digeribili che provocando una distensione delle pareti del colon ne impediscono la normale contrazione, necessaria per spingere le scorie fino alla parte inferiore dell'intestino dove si formeranno le feci.

- Patate
- Carote
- Limoni
- Riso
- Banane

ALIMENTI CONSENTITI E CONSIGLIATI

Acqua, almeno 1,5-2 litri di liquidi al giorno (preferibilmente acqua oligominerale naturale ma va bene anche il consumo di brodo o tisane).

Verdura cruda o cotta, almeno una porzione ad ogni pasto. Tra le verdure cotte, preferire spinaci, zucchine, broccoli, cavolfiori, fagiolini, melanzane e

carciofi da consumare lessati o al vapore. Minestroni o passati sono un modo alternativo per assumere la verdura consigliata. Per integrare l'apporto di fibra, in alcuni casi, è possibile utilizzare supplementi di fibra in polvere presenti in commercio.
Frutta. Preferire kiwi (soprattutto al mattino a digiuno), pere, albicocche, fichi e prugne. La frutta andrebbe consumata con la buccia (ben lavata). Utile anche la frutta cotta.
Cereali, alternando quelli raffinati (pane, pasta, riso...) con gli analoghi integrali.
Legumi, anche passati o centrifugati.
Olio extravergine di oliva per condire le pietanze preferibilmente a crudo, aggiunto con moderazione e dosato con il cucchiaino.
Yogurt o latte fermentato. I fermenti lattici sembrano svolgere un ruolo molto importante nel favorire la funzionalità intestinale e possono essere assunti anche tramite preparazioni presenti in commercio.
Grana Padano DOP per insaporire i primi e i passati di verdura al posto del sale.

REGOLE COMPORTAMENTALI

Praticare regolarmente attività fisica soprattutto aerobica (camminare, pedalare nuotare) almeno 30-40 minuti al giorno e fare esercizi di ginnastica di rinforzo muscolare almeno 3 volte a settimana.
Cercare di avere una regolare routine nell'utilizzo della toilette, possibilmente subito dopo uno dei pasti principali, per educare l'intestino a funzionare secondo orari ben definiti.
Mangiare ad orari regolari, non saltare i pasti, masticare lentamente per evitare una eccessiva introduzione di aria che potrebbe provocare aerofagia o meteorismo.
Praticare attività rilassanti, come lo yoga o il ballo, a seconda delle preferenze individuali.

STIPSI E METEORISMO

L'aumento del consumo di fibra (frutta, verdura, alimenti integrali) può determinare un temporaneo aumento del meteorismo . Tuttavia, tale effetto è destinato a scomparire nel giro di qualche settimana.

Il meteorismo indotto dal consumo di fibra si può ridurre seguendo i consigli della scheda specifica .

STIPSI E DIVERTICOLOSI

Le persone che soffrono di diverticolosi associata alla stipsi, soprattutto qualora abbiano precedenti d'infiammazione dei diverticoli (diverticolite), dovrebbero limitare il consumo di:

a) Verdure filamentose (sedano, finocchi, fagiolini con filo)

b) Frutta e verdura contenenti semini (uva, fragole, kiwi, frutti di bosco, pomodori)

c) Bucce di legumi (questi ultimi andrebbero consumati passati o centrifugati)

VALUTARE LE CALORIE DELLA GIORNATA

Oltre alle attenzione specifiche chi soffre di stipsi deve ricordare che le restrizioni alimentari o le moderazioni consigliate non devono inficiare una corretta ed equilibrata alimentazione. Nella dieta equilibrata, la ripartizione della quota energetica da

introdurre con gli alimenti nella giornata, varia ad ogni pasto: 20% a colazione, 40% a pranzo, 30% a cena, 5% nello spuntino di mattina e 5% a merenda. In presenza di stipsi, a maggior ragione, occorre che si consumino 5 pasti al giorno rispettando sia il proprio bilancio energetico, sia la necessità di fornire all'organismo tutti i macro e micronutrienti necessari per la nostra salute.
Calcolare l'apporto energetico degli alimenti e il loro valore nutritivo non è semplice; per facilitare questo compito è stato creato il programma " Calorie e Menu " che calcola mediamente le necessità energetiche di ciascuno e fornisce gratuitamente menu settimanali personalizzati , facili da seguire e istruttivi. Con i menu settimanali, composti da 35 pasti cadauno, potrete facilmente seguire una dieta equilibrata per tutta la settimana, quindi imparare anche a mangiare più volte al giorno minori quantità di cibo per facilitare la vostra digestione. Inoltre il programma fornisce consigli personalizzati per migliorare lo stile di vita di ciascuno.
Il programma con i menu è fruibile anche con App

per iPhone e Android, così che i consigli, i menu e le ricette si possano portare sempre con sé.

RICETTE CONSIGLIATE

Frullato di mele con yogur e miele

Ingredienti per 4 persone

400 g di mele golden

250 g di yogurt magro

30 g di miele

succo di 1 limone

Preparazione della ricetta

Sbucciate le mele e frullatele con il limone e il miele. Aggiungete al composto lo yogurt e mescolate bene. Sistemate in coppette e servite.

Gli alimenti della ricetta apportano i seguenti nutrienti

Carboidrati, proteine e grassi, (macronutrienti) che apportano calorie; vitamine e minerali, (micronutrienti) che non forniscono calorie ma svolgono importanti funzioni per l'organismo.

Passato di ceci e zucca

Ingredienti per 4 persone
120 gr di ceci secchi
200 gr di polpa di zucca
100 gr di crostini di pane
1 carota
mezza costa di sedano
3 cucchiai di olio extravergine di oliva (30 g)
2 spicchi di aglio
1 rametto di rosmarino tritato
4 cucchiai di Grana Padano DOP grattugiato (40 g)
sale grosso q.b.
Preparazione della ricetta
Ammollate la sera prima i ceci in una terrina con acqua tiepida. In una pentola, riempita con 8 dl di acqua e un pizzico di sale grosso, aggiungete la carota e il sedano precedentemente lavati e mondati. Unite i ceci sgocciolati e la polpa di zucca, cuocete per 2 ore e mezza. Terminata la cottura, passate tutto al mixer e rimettete il passato nella pentola. Tritate aglio e rosmarino a parte e fateli soffriggere in un padellino con l'olio, versateli nella pentola mescolandoli con il passato. Mettete nel forno il pane e fatelo tostare. Togliete dal fuoco il passato e mettetelo in una

zuppiera e servite fumante in tavola.
Ad ogni piatto aggiungete i crostini e 1 cucchiaio di Grana Padano grattugiato.
Gli alimenti della ricetta apportano i seguenti nutrienti
Carboidrati, proteine e grassi, (macronutrienti) che apportano calorie; vitamine e minerali, (micronutrienti) che non forniscono calorie ma svolgono importanti funzioni per l'organismo.

Crema di pomodoro al latte

Ingredienti per 4 persone
600 g di pomodori pelati o polpa di pomodoro.
100 g di latte parzialmente scremato
qualche foglia di basilico
1 cipolla
2 cucchiai di olio extravergine di oliva
7 dl di brodo vegetale
50 g di pane raffermo
sale e pepe
40 g di Grana Padano DOP
Preparazione della ricetta

In una casseruola fate rosolare la cipolla, mondata e tritata finemente, con 1 cucchiaio di olio extravergine di oliva. Aggiungete la polpa di pomodoro e il brodo. Fate cuocere per 10 minuti, aggiungete il pane spezzettato e continuate la cottura per ulteriori 10 minuti; quando il pane sarà disfatto, aggiungete il latte e ultimate la cottura per altri 5 minuti fino ad ottenere una zuppa di una certa consistenza. Aggiungete il basilico, salate e pepate. Servite la zuppa tiepida con Grana Padano grattugiato e con il filo di olio rimasto. Aggiungete qualche fogliolina di basilico.

Gli alimenti della ricetta apportano i seguenti nutrienti

Carboidrati, proteine e grassi, (macronutrienti) che apportano calorie e svolgono importanti funzioni per l'organismo.

Insalata orzo e tonno

Ingredienti per 6 persone

Per la realizzazione dell'insalata:

2 patate rosa
150 g di orzo perlato
6 filetti di tonno sott'olio (150 g cad.)
250 g di fagiolini scottati
250 g di peperoni arrostiti
2 pomodori maturi
60 g di olive nere snocciolate
1 cucchiaino di olio extravergine d'oliva (5 g)
2 cucchiaini di rosmarino
1 cucchiaino di origano
1 cucchiaino di maggiorana
1 cipolla rossa
1 ciuffo di prezzemolo
sale q.b.
pepe q.b.
Per la realizzazione del condimento:
4 cucchiai di olio extravergine di oliva (40 g)
1 spicchio di aglio
1 limone spremuto
sale q.b.
Preparazione della ricetta
Preriscaldate il forno a 220 °C. Tagliate le patate a spicchi, spennellatele con olio e cospargetele con

sale, pepe e rosmarino. Fatele cuocere in forno, su una placca, per 30 minuti, girandole 2-3 volte durante la cottura. Portate a ebollizione 1 litro di acqua leggermente salata e versate l'orzo, aggiungendo origano e maggiorana. Coprite e fate sobbollire per 40 minuti. Togliete dal fuoco e tenete da parte. In una terrina colma di acqua mettete una cipolla per 30 minuti, poi scolatela e tagliatela a rondelle. Condite i tranci di tonno con il pepe e grigliateli in una bistecchiera per 2 minuti per lato, poi tagliateli a pezzi grossi.
Emulsionate in una ciotola l'olio e l'aglio. Mescolate i fagiolini, scottati precedentemente, la cipolla, il prezzemolo, i pomodori, le olive, i peperoni grigliati. Aggiungete l'orzo e mescolate il tutto. Disponete l'insalata di orzo nei piatti e mettete al centro il tonno e intorno al piatto gli spicchi di patate, cotti precedentemente. Servite tiepido.
Gli alimenti della ricetta apportano i seguenti nutrienti
Carboidrati, proteine e grassi, (macronutrienti) che apportano calorie; vitamine e minerali,

(micronutrienti) che non forniscono calorie ma svolgono importanti funzioni per l'organismo.

Insalata salmone e lenticchie

Ingredienti per 4 persone

un cuore d'indivia

200 g di spinacino da insalata

100 g di lenticchie verdi secche

100 g di lenticchie rosse secche

200 g di pomodori Ciliegino

200 g di pane integrale

1 cucchiaio di olio extravergine di oliva

400 g di filetti di salmone

40 g di Grana Padano DOP

sale e pepe nero in grani

Per il condimento (citronette)

4 cucchiai di olio extravergine di oliva

succo di 1 limone

sale e pepe nero

Preparazione della ricetta

In un tegame fate bollire le lenticchie rosse e verdi a fuoco basso finché saranno tenere (per circa 30 minuti), scolatele e lasciatele raffreddare. Nel frattempo mondate e lavate le verdure, spezzettate l'indivia a pezzi grossi, tagliate i pomodorini in due parti. In una padella capiente, precedentemente riscaldata a fuoco medio, mettete i filetti di salmone a cui avrete tolto pelle e spine, tagliateli a quadretti e scottateli per 4 minuti. Tagliate a fette il pane e tostatelo. Mettete il tutto in una terrina aggiungendo anche lo spinacino e le lenticchie. Prima di servire preparate la citronette in una ciotola e con una frusta sbattete: olio, limone, sale e pepe fino ad ottenere una emulsione. Nel piatto di portata dell'insalata aggiungete le scaglie di Grana Padano DOP, guarnite con 2 crostini tostati, cospargete il pepe tritato al momento, condite con la citronette e servite.

Gli alimenti della ricetta apportano i seguenti nutrienti
Carboidrati, proteine e grassi, (macronutrienti) che apportano calorie; vitamine e minerali, (micronutrienti) che non forniscono calorie ma svolgono importanti funzioni per l'organismo.

Insalata di tacchino con Grana

Ingredienti per 4 persone

Insalata:

300 g di petto di tacchino arrosto

3 cucchiai di olio extravergine di oliva (30 g)

1 cucchiaio di basilico spezzettato

spicchio di aglio tritato finemente

150 g di insalata lollo rossa spezzettata

100 g insalata indivia riccia spezzettata

50 g di rucola

100 g di songino

40 g di Grana Padano DOP a scaglie

sale q.b.

pepe q.b. macinato al momento

Condimento:

4 cucchiai di olio extravergine di oliva (40 g)

2 cucchiai di succo di limone

1 cucchiaio di aceto di vino bianco

1 cucchiaio di pasta di acciughe

1 spicchio di aglio tritato finemente

Preparazione della ricetta

Disponete i filetti di tacchino sul fondo di una ciotola poco profonda. In una terrina a parte mescolate insieme i 3 cucchiai d'olio, il basilico, l'aglio, il sale. Versate poi questo condimento sul tacchino e girate più volte i filetti perché siano unti in maniera uniforme su entrambi i lati. Coprite la ciotola e lasciate marinare per circa 10 minuti.

In una terrina preparate il condimento per l'insalata mescolando insieme l'olio, il succo di limone, l'aceto, la pasta d'acciughe e l'aglio .

Scaldate a fuoco alto una padella antiaderente piuttosto grande, saltatevi i filetti con il loro succo fino a quando non risulteranno dorati e ben cotti all'interno. Tagliateli poi a listarelle larghe circa 1 centimetro. Distribuite le foglie di insalata e il Grana Padano a scaglie in 4 ciotole. Aggiungete poi il tacchino e il condimento sull'insalata. Servite.

Gli alimenti della ricetta apportano i seguenti nutrienti

Carboidrati, proteine e grassi, (macronutrienti) che apportano calorie; vitamine e minerali,

(micronutrienti) che non forniscono calorie ma svolgono importanti funzioni per l'organismo.

Gnocchi di ricotta e spinaci

Ingredienti per 4 persone

500 g di spinaci

130 g di farina tipo 00

250 g di ricotta romana

40 g di burro

20 g di Grana Padano DOP grattugiato

1 uovo intero e 1 tuorlo

noce moscata

sale q.b.

Preparazione della ricetta

Lavate accuratamente gli spinaci, lessateli, sgocciolateli, strizzateli, tritateli grossolanamente e mescolateli con la ricotta, lavorando l'impasto con una forchetta. Unite la farina, l'uovo, il tuorlo, un pizzico di sale e una grattata di noce moscata, fino ad ottenere un impasto omogeneo con cui preparerete gli gnocchi: aiutandovi con due cucchiai bagnati in acqua formate con l'impasto degli gnocchi ovali abbastanza grandi. Fateli asciugare all'aria sopra un piano di lavoro infarinato. Cuoceteli in abbondante acqua bollente leggermente salata, fino a quando non vengono a galla. In una padella a parte, fate fondere il burro, saltate gli gnocchi lessati, cospargeteli infine con il Grana Padano DOP grattugiato. Serviteli ben caldi.

Gli alimenti della ricetta apportano i seguenti nutrienti

Carboidrati, proteine e grassi, (macronutrienti) che apportano calorie; vitamine e minerali, (micronutrienti) che non forniscono calorie ma svolgono importanti funzioni per l'organismo.

Risotto al radicchio trevigiano

Ingredienti per 4 persone

280 g di riso Vialone nano

150 g di radicchio rosso trevigiano

40 g di Grana Padano DOP a scaglie

1 cipolla

brodo vegetale q.b.

2 cucchiai di olio extra vergine d'oliva (20 g)

20 g di burro

sale q.b.

Preparazione della ricetta

Preparate il brodo vegetale. Tagliate a striscioline il radicchio trevigiano, dopo averlo lavato e asciugato. In una casseruola disponete l'olio e la cipolla affettata che farete appassire per 4 minuti circa. Aggiungete a questo punto il radicchio e dopo 3-4 minuti versate il riso, che farete rosolare per 1 minuto, alzando leggermente la fiamma, facendo però attenzione a non bruciare la cipolla. Versate come d'abitudine il brodo bollente fino a cottura ultimata.

Spegnete la fiamma e aggiungete il restante burro, mescolate, impiattate, e in tavola cospargete con Grana Padano DOP a scaglie sottili.

Gli alimenti della ricetta apportano i seguenti nutrienti

Carboidrati, proteine e grassi, (macronutrienti) che apportano calorie; vitamine e minerali, (micronutrienti) che non forniscono calorie ma svolgono importanti funzioni per l'organismo.

Petto di pollo alle erbe e limone

Ingredienti per 4 persone

400 g di pollo (4 mezzi petti)

1 limone
1 mazzetto di erbe aromatiche: erba cipollina, timo, maggiorana, prezzemolo e aneto.
2 cucchiai di maizena
3 cucchiai di olio extravergine di oliva
sale e pepe
40 g di Grana Padano DOP
Preparazione della ricetta
Lavate, asciugate e tritate le erbe aromatiche fresche. Pulite i 4 mezzi petti di pollo eliminando cartilagini e grasso. Incidete una tasca al centro di ogni mezzo petto con un coltello lungo e appuntito. Affettate finemente un limone non trattato, salate le fettine, cospargetele con abbondante trito di erbe e infilatene 4/5 fette in ogni tasca. Mescolate la maizena a buona parte delle erbe rimaste (serbatene ancora un po' per guarnire a fine cottura), un po' di sale e pepe e infarinate i petti di pollo. Rosolateli in padella con 2 cucchiai di olio per 5 minuti poi trasferiteli in una teglia e terminate la cottura in forno caldo a 180° per 10 minuti. Lasciateli riposare con il forno spento e semi aperto per 5 minuti trascorsi i quali li affetterete e condirete con le erbe rimaste, un pizzico di sale, un

cucchiaio di olio extravergine di oliva e striscioline di Grana Padano.

Gli alimenti della ricetta apportano i seguenti nutrienti

Carboidrati, proteine e grassi, (macronutrienti) che apportano calorie e svolgono importanti funzioni per l'organismo.

Penne integrali alla verdura con grana

Ingredienti per 4 persone

240 g di penne integrali

150 g di pomodorini

1 mazzetto di menta, origano e timo

3 cucchiai di olio extravergine di oliva

1 melanzana

2 zucchine

1 cipolla di piccole dimensioni

1 spicchio d'aglio

40 g di Grana Padano DOP

sale

Preparazione della ricetta

In una terrina unite i pomodorini tagliati a pezzi, le erbe aromatiche tritate, 2 cucchiai di olio, un pizzico di sale e lasciate insaporire per 30 minuti. Per questa preparazione, anche la melanzana necessita di riposare 30 minuti quindi, dopo averla lavata e tagliata a cubetti, salatela e mettetela in uno scolapasta così che perda l'acqua amarognola. Tritate la cipolla con l'aglio e fatela rosolare in una padella con il rimanente olio. Nel frattempo lavate e tagliate a pezzetti le zucchine e versatele in padella aggiungendo la melanzana sciacquata e asciugata. Cuocete per circa 10 minuti, mescolando ogni tanto; infine unite i pomodori e spegnete il fuoco. Tenete il condimento in caldo mentre cuocete le penne integrali in abbondante acqua bollente poco salata. Scolate al dente e versate la pasta nella padella con il condimento lasciandola a insaporire per qualche istante. Sul piatto da portata aggiungete il Grana Padano DOP che avrete tagliato in piccoli cubetti e guarnite con foglie di basilico, menta e timo.

Gli alimenti della ricetta apportano i seguenti nutrienti

Carboidrati, proteine e grassi, (macronutrienti) che apportano calorie; vitamine e minerali,

(micronutrienti) che non forniscono calorie ma svolgono importanti funzioni per l'organismo.

Pane ai semi di lino per combattere contro la stitichezza

Questa ricetta originale ricorda più dei cracker o delle fette biscottate piuttosto che del pane, ma conil vantaggio di non contenere farina. L'impasto di questo pane è fatto con il lino, un seme utilizzato per combattere contro la stitichezza.

Ingredienti

300 grammi di semi di lino

2/3 di un bicchiere d'acqua

origano o altre spezie a piacimento

un cucchiaino di sale marino

Preparazione

1. Macinate il lino per qualche secondo in modo che rimangano i semi mediamente triturati. Aggiungete il sale, le spezie e l'acqua e mescolate bene il tutto così che non rimangano grumi.
2. Stendete la massa in una teglia da forno coperta con carta da forno.

3. Infornate per 2 ore a 60 gradi in modo che l'impasto si disidrati.

Questo pane vi permetterà di accompagnare ogni tipo di aperitivo, salsa, crema, ecc.

Frullato di avena e ciliegie

L'avena è uno dei cereali più salutari che ci siano e in questo caso è di aiuto perché è molto ricca di fibra solubile, conosciuta come mucillagine, che lubrifica e ammorbidisce il tratto digerente, e migliora il transito intestinale. Inoltre, aiuta anche a ridurre il colesterolo.

Dall'altro lato le ciliegie essiccate contengono fino a 16 grammi di fibra per ogni 100 grammi, così come altri nutrienti che stimolano l'attività dei muscoli del colon.

Ingredienti

2 cucchiai di fiocchi d'avena

3 ciliegie essiccate messe a bagno per almeno due ore

mezzo bicchiere d'acqua

Preparazione

Frullate bene gli ingredienti e, se volete, dolcificate con un po' di miele. Questo frullato risulta delizioso e molto energetico, ed è ideale da bere la mattina.

Gelatina di kiwi

Anche il kiwi è uno dei frutti che contiene più fibre e molte persone lo mangiano a digiuno per combattere contro la stitichezza ed evacuare più facilmente. In questo caso vi proponiamo questa ricetta in cui useremo

l'alga agar-agar, un grande regolatore e rigeneratore intestinale.

Ingredienti:

4 kiwi

1 cucchiaino di agar-agar in polvere

2 bicchieri di acqua o succo di frutta

dolcificante naturale (miele, zucchero di canna, panela, ecc.)

Preparazione

1. Schiacciate i kiwi utilizzando una forchetta o frullateli nel caso in cui preferiate una consistenza più omogenea.
2. Diluite l'agar-agar nel liquido, mescolatela con il

kiwi e dolcificate a piacere.
3. Mettete a bollire, mescolando per non far creare dei grumi.
4. Quando arriva a ebollizione, togliete dal fuoco e lasciate freddare in bicchierini di vetro.
5. Una volta tiepidi, conservateli nel frigorifero.

Kéfir con frutti di bosco

Il kéfir è un tipo di yogurt fermentato che possiede tutti i benefici dello yogurt oltre a dei vantaggi in più, come il fatto che si digerisce più facilmente perché contiene meno lattosio, e che migliora la flora intestinale visto che si tratta di un alimento fermentato.
In questa ricetta vi consigliamo di abbinarlo a frutti di bosco quali ribes, lamponi e more freschi poiché si tratta di alcuni tra i frutti più ricchi di fibre. Ne contengono circa 6-7 grammi ogni 100. In tal modo renderete la colazione o la merenda deliziosa e salutare.

Ricetta con ali di pollo, insalata di funghi e rucola

Ingredienti:

12 ali di pollo, 8 patate piccole, 250 g di funghi, 140 g di rucola, olio d'oliva, aceto, sale e 3 spicchi d'aglio.

Preparazione:

Arrostire le patate pulite in forno a 220 ° C per 20 minuti. Aggiungere olio e sale grosso. Rimuovere il grasso in eccesso dalle ali di pollo e tagliare le estremità. Grattugiare o schiacciare gli spicchi d'aglio con un po' di sale, aggiungere l'olio d'oliva e marinare in una ciotola.

Metti le ali di pollo nello stesso piatto delle patate senza dimenticare l'olio della marinata. Lasciale cuocere altri 20 minuti alla stessa temperatura.

Tagliare i funghi a strisce, aggiungere l'olio e rosolarli in una padella. Quando i funghi sono cotti, mescolare il tutto e aggiungere un po' di prezzemolo tritato, sale, aceto e olio d'oliva. Servire le ali di pollo con insalata di funghi e rucola e patate arrosto.

Ricetta del melone al forno

Ingredienti:

1 melone, 2 cucchiai di zucchero, 1 baccello di vaniglia e 50 g di noci.

Per il caramello: poche gocce di succo di limone e 4 cucchiai di zucchero.

Preparazione:

In una casseruola a fuoco basso, mescolare il succo di limone, lo zucchero e un pò d'acqua per preparare il caramello. Aggiungi le noci quando è pronto e lascia raffreddare. Quindi mescolare due cucchiai di zucchero con il baccello di vaniglia. Ricorda di rimuovere i semi del melone quando lo taglierai, edi sbucciarlo, naturalmente.

Su un piatto, tagliare il melone, versare lo zucchero vanigliato e il succo di limone. Metti tutto in forno a 200 ° per 7 minuti. Per servire con noci caramellate.

Ricetta di melanzane e riso bianco

Ingredienti:

2 melanzane, 4 cipolle, 12 pomodorini, 1 scarola, 200 g di riso, acqua, aceto, sale e olio d'oliva.

Preparazione:

Rosolare le cipolle tritate. Tagliare le melanzane sbucciate a cubetti e aggiungerle alle cipolle. Lasciare sul fuoco per massimo 15 minuti. Rosolare gli spicchi d'aglio in olio d'oliva. Aggiungere il riso, una doppia quantità di acqua al riso e sale. Cuocere a fuoco basso per 20 minuti.

Per servire: mettere un po 'di olio d'oliva in un piatto e stendere uno strato di riso, poi uno strato di melanzana e, dopo, un altro strato di riso. Tagliare i pomodori e le scarole, versare olio, aceto e sale. Questa insalata accompagnerà le melanzane.

Crema di riso dolce

La crema di riso è uno dei più efficaci rimedi della macrobiotica. Qui la ricetta in versione dolce, da consumare a colazione.

Ingredienti per 2 persone:

>1 tazza di riso integrale biologico;

> 7 tazze di acqua;

> 1 mela;

> 2 cucchiai di uvetta;

> la punta di un cucchiaino di prugna umeboshi.

In una pentola a pressione mettete il riso ben lavato e l'acqua. Cuocete a fuoco basso per due ore, aprite e mettete l'umeboshi, la mela sbucciata e tagliata a pezzetti e le uvette precedentemente rinvenute in

acqua. Mescolate, chiudete il coperchio e lasciate poi riposare per un'altra ora.
Quando la crema di riso sarà pronta frullate il tutto con un frullatore ad immersione e servitela calda o fredda, a seconda dei vostri gusti.

Zuppa di porri e miso

I porri, ricchi di fibre, sali minerali e vitamine, hanno proprietà lassative e, qualora la mucosa intestinale risultasse irritata, non ne peggiorano la situazione. Il miso ha invece la funzione di insaporire naturalmente la zuppa e di apportare importanti probiotici per la salute dell'intestino.
La zuppa di porri e miso si prepara facendo prima saltare, in poco olio, due porri per ciascuna persona, tagliati a rondelle. Si aggiunge poi una quantità di acqua sufficiente a coprirli e si lasciano bollire per 30 minuti.
Una volta cotti si spegne il fuoco e si frullano con un frullatore ad immersione, infine si fa sciogliere un cucchiaio di miso a zuppa calda ma con il fuoco spento. Si aggiusta di sale e pepe, si condisce con un filo d'olio a crudo e si serve sia calda che fredda.

Smoothie kiwi, limone e aloe vera

I frullati permettono di triturare le fibre della frutta e della verdura, rendendole più digeribili e utili in caso di disfunzioni intestinali. Le qualità lassative dei kiwi sono ormai riconosciute. Preparare uno smoothie di kiwi, limone e succo di aloe vera amplifica le qualità riequilibranti dei due frutti e lassative dell'aloe.
Prepararlo è molto facile: si sbucciano due kiwi maturi, si tagliano a pezzetti, si aggiunge il succo di un limone e un cucchiaio di aloe vera. Si mette tutto in un frullatore e si aggiusta di acqua a seconda dei propri gusti rispetto la consistenza.
Consumato a colazione purifica e stimola la peristalsi.

Ultimi consigli riguardo la dieta

Gli alimenti che funzionano da lassativi naturali e aiutano a combattere la stitichezza, ridando regolarità all'intestino
Stipsi o stitichezza. Due nomi diversi per indicare lo stesso disturbo, così diffuso tra gli adulti: in Italia circa nove milioni di donne e quattro di uomini

hanno meno di tre evacuazioni a settimana, alcune delle quali accompagnate da notevole sforzo addominale. Prima di assumere farmaci, puoi provare a combattere la stipsi a tavola scegliendo cibi con effetti lassativi.

Una dieta ricca di acqua e fibre (circa 30 grammi al giorno è la quantità ottimale) è in grado di rendere le feci più morbide e di favorire l'attività intestinale. Ecco dunque gli alimenti e le bevande che, secondo i medici, non devono mancare nei giorni in cui sei disturbato. Se invece, oltre alla stitichezza, compaiono anche dolori, è bene rivolgersi a un medico: la stipsi potrebbe essere sintomo di qualche altra malattia da individuare.

A colazione crusca o muesli

A colazione puoi bere una tazza di caffè da accompagnare con fette biscottate o biscotti integrali, qualche cucchiaino di crusca in scaglie oppure di muesli. I cereali integrali sono ricchi di fibre insolubili, quelle in grado di trattenere acqua, di fare volume nell'intestino e di riattivarne l'attività. Nei giorni in cui si soffre di stitichezza è buona cosa dunque inserire i cereali integrali nella dieta. Da evitare per qualche giorno, invece, il tè per le sue proprietà astringenti.

Tanta acqua non gasata e ricca di magnesio

Per favorire l'attività benefica delle fibre è utile bere molto. L'acqua aumenta il volume della massa fecale nell'intestino e stimola la peristalsi, cioè la spinta all'espulsione delle feci. Via libera dunque all'assunzione giornaliera di un litro e mezzo o due di acqua (circa otto bicchieri), meglio naturale, e meglio se ricca di magnesio e di solfati, per il loro potere lassativo. Puoi cominciare la giornata bevendo un bicchiere d'acqua prima di colazione.

Tisane alla malva e semi di lino

Per integrare l'assunzione di liquidi puoi prepararti anche una tisana lassativa da bere due volte al giorno, prima del pranzo e della cena.

Procurati fiori di malva (40 gr), tiglio (20 gr) e altea (40 gr), poi lascia per un quarto d'ora dieci grammi di questa miscela in infusione in una tazza di acqua bollente.

Da provare anche, una volta al giorno, i semi di lino, che a contatto con l'acqua nello stomaco formano una sorta di mucillagine in grado di ammorbidire le feci e di aumentarne il volume. Puoi spezzettare quattro-cinque cucchiaini di semi e lasciarli in ammollo in un bicchiere d'acqua per venti minuti. Poi filtra la bevanda, già pronta da bere in qualsiasi momento della giornata. Ma a non esagerare con le quantità: i semi di lino possono causare flatulenza e sono ricchi di calorie, 470 per cento grammi. Chi è a dieta può ingerire, con un po' d'acqua, un paio di cucchiai di semi interi (se però non sono presenti problemi come occlusione intestinale o restringimento dell'esofago): in questo modo i grassi di cui sono ricchi non verranno assorbiti dall'intestino.

Pasta e panini di farina integrale

A pranzo o a cena mangia un piatto di pasta integrale. Al contrario della classica varietà bianca, è ricca di fibre e, come i cereali a colazione, aiuta le funzioni intestinali. Ricordati di condire i tuoi piatti con uno o due cucchiaini di olio extravergine d'oliva, utile a lubrificare l'intestino. In aggiunta, puoi accompagnare i tuoi pasti con pane di farro integrale che contiene circa 8 grammi di fibre ogni 100 di pane.

Cinque porzioni di vegetali al giorno!

Almeno un paio di volte alla settimana sostituisci le proteine della carne con quelle dei legumi, da mangiare come condimento per la pasta o sotto forma di minestra.

E non dimenticare gli altri vegetali! In caso di stipsi, è molto importante seguire la regola, spesso disattesa, di introdurre nell'arco della giornata cinque porzioni al giorno tra frutta (tre porzioni) e verdura. Cotta o cruda, per la verdura, è indifferente. Solo gli ortaggi crudi a foglia larga, come l'insalata, possono causare qualche dolore di pancia. Molti utili, invece, perché ricchissimi di fibre, broccoli, cavolini di Bruxelles e zucchine.

Per quanto riguarda la frutta, ricorda che la polpa del kiwi e quella dell'ananas sono potenti lassativi naturali. Allo stesso modo, aiutano a combattere la stitichezza anche le prugne secche che contengono, oltre alle fibre, anche un particolare tipo di zucchero dal potere lassativo, il sorbitolo. Puoi mangiare tre o quattro prugne secche al giorno come spuntino di metà mattina o di metà pomeriggio. Non di più però: sono molto caloriche. Altrettanto ricchi di fibre sono lamponi, fragole, mele e pere.

Yogurt e drink con probiotici

Nelle Linee guida del 2011, il ministero della Salute indica che i probiotici favoriscono l'equilibrio della flora intestinale. Contro la stipsi si sono rivelati particolarmente attivi alcuni ceppi di probiotici presenti negli yogurt e in certi tipi di latte e drink. Sul World Journal of Gastroenterology, per esempio, è stata pubblicata una revisione di cinque studi clinici condotti su 377 persone adulte, e i ricercatori hanno potuto verificare effetti positivi su frequenza dell'evacuazione e consistenza delle feci grazie ai ceppi probiotici Bifidobacterium lactis DN-173010, Lactobacillus casei Shirota ed Escherichia coli Nissle 1917. In particolare, il Lactobacillus casei Shirota ha mostrato la capacità di normalizzare il transito intestinale, sia nei casi di stitichezza, sia in quelli di diarrea, e di eliminare le tossine.

Note di responsabilità

Questo libro compie ogni sforzo possibile per mantenere l'accuratezza delle informazioni sul sito, ma non può accettare la responsabilità per qualunque pregiudizio, perdita o danno che possa derivare dall'uso di queste informazioni.

il materiale contenuto in questo **libro** viene offerto con la sola intenzione di offrire un servizio di informazione pubblica riguardante la salute, i servizi sanitari ed altri argomenti ad essi collegati.

questo libro non ha controllo diretto o indiretto sull'accuratezza o la natura delle fonti presentate all'interno del materiale, anche se cerchiamo di utilizzare come fonti solo materiale sicuro e valevole.

tutte le informazioni sono offerte con il solo intento di dare un servizio pubblico di informazione – il processo decisionale dovrebbe essere confermato da uno specialista esterno. queste informazioni non intendono sostituirsi al consiglio professionale del medico. richiedete sempre il parere del vostro medico di base o di un altro specialista qualificato prima di sottoporvi a qualunque nuovo trattamento o per qualunque dubbio possiate avere riguardo il vostro stato di salute.

l'autore non è responsabile per l'uso scorretto delle informazioni contenute nel testo. le informazioni contenute in questo libro sono per scopi informativi. non è inteso come un parere professionale o una raccomandazione sul come agire.

CPSIA information can be obtained
at www.ICGtesting.com
Printed in the USA
LVHW082122151220
674272LV00008B/98